글 오영석

어린이들이 재미있고 신나게 읽을 수 있는 책을 쓰기 위해 노력하는 작가입니다. 나와 똑같이 고민하고, 실패했던 위인들의 이야기를 통해 독자들도 '할 수 있다'는 마음을 가지길 바랍니다. 작품으로 《세계사 한국사》, 《과학 교과 주제 탐구Q. 몸》, 《걸어서 세계 속으로 2. 일본》 등이 있습니다.

그림 크레파스

어린이들을 위해 새롭고, 재미있고, 즐거운 이야깃거리를 만드는 만화 창작 집단입니다. 세상을 바꾼 인물들의 삶을 통해 어린이들이 희망찬 미래를 만들어가길 바랍니다. 작품으로 《지식 똑똑 경제 리더십 탐구-긍정의 힘》, 《Why? 서양 근대 사회의 시작》, 《Why? 세계대전과 전후의 세계》 등이 있습니다.

감수 경기초등사회과연구회
진로 탐색 감수 이랑(한국고용정보원 전임연구원)
추천 송인섭(숙명 여자 대학교 명예 교수)

 세계 인물

넬슨 만델라

개정판 1쇄 인쇄 2024년 11월 15일
개정판 1쇄 발행 2025년 1월 1일

글 오영석 **그림** 크레파스

펴낸이 김선식
펴낸곳 다산북스

부사장 김은영
어린이사업부총괄이사 이유남
책임편집 박세미 **디자인** 김은지 **책임마케터** 김희연
어린이콘텐츠사업1팀장 박정민 **어린이콘텐츠사업1팀** 김은지 박세미 강푸른
마케팅본부장 권장규 **마케팅3팀** 최민용 안호성 박상준 김희연
편집관리팀 조세현 김호주 백설희 **저작권팀** 이슬 윤제희 **제휴홍보팀** 류승은 문윤정 이예주
재무관리팀 하미선 김재경 임혜정 이슬기 김주영 오지수
인사총무팀 강미숙 이정환 김혜진 황종원
제작관리팀 이소현 김소영 김진경 최완규 이지우 박예찬
물류관리팀 김형기 김선민 주정훈 김선진 한유현 전태연 양문현 이민운

출판등록 2005년 12월 23일 제313-2005-00277호
주소 경기도 파주시 회동길 490
전화 02-704-1724 **팩스** 02-703-2219
다산어린이 카페 cafe.naver.com/dasankids **다산어린이 블로그** blog.naver.com/stdasan
종이 신승NC **인쇄** 북토리 **코팅 및 후가공** 평창피앤지 **제본** 대원바인더리

ISBN 979-11-306-5803-2 14990

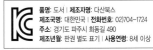

품명: 도서 | **제조자명:** 다산북스
제조국명: 대한민국 | **전화번호:** 02)704-1724
주소: 경기도 파주시 회동길 490
제조년월: 판권 별도 표기 | **사용연령:** 8세 이상

※ KC마크는 이 제품이 공통안전기준에 적합하였음을 의미합니다.

넬슨 만델라

Nelson Mandela

다산
어린이

자신만의 멘토를 만날 수 있는
who? 시리즈

다산어린이의 〈who?〉 시리즈는 어린이들은 물론 어른들에게도 재미와 감동을 주는 교양 만화입니다. 〈who?〉 시리즈는 전 세계 인류에 영향력을 끼친 인물들로 구성되었으며 인물들의 삶과 사상을 객관적으로 전해 줍니다.

이처럼 다양한 나라와 분야에서 활약한 위인들의 이야기를 통해 과학, 예술, 정치, 사상에 관한 정보는 물론이고, 나라별 문화와 역사까지 배우게 될 것입니다. 〈who?〉 시리즈의 가장 큰 장점은 위인들이 그들의 삶에서 겪은 기쁨과 슬픔, 좌절과 시련, 감동을 어린이들이 함께 느낄 수 있다는 것입니다. 어린이들은 이 책을 읽으면서 폭넓은 감수성을 함양하게 됩니다.

〈who?〉 시리즈의 어린이 독자들이 책 속의 위인들을 통해 자신만의 멘토를 만나 미래의 세계적인 리더로 성장하기를 진심으로 응원합니다.

존 덩컨 미국 UCLA 동아시아학부 교수

존 덩컨(John B. Duncan) 교수는 한국학 분야의 세계적인 석학으로 미국 UCLA 한국학 연구소 소장 및 동 대학의 동아시아학부 교수를 겸직하고 있습니다. 하버드 대학교 교환 교수와 고려 대학교 해외 교육 프로그램 연구센터장을 역임했으며, 주요 저서로는 《조선 왕조의 기원》, 《조선 왕조의 시민 행정의 제도적 기초》 등이 있습니다.

세상을 더 나은 곳으로 만든 사람들의 이야기

어린이들은 자라면서 수많은 궁금증을 가지게 됩니다. 그중에서도 "저 사람은 누굴까?"라는 질문은 종종 아이들의 머릿속을 온통 지배해 버리기도 합니다. 다산어린이에서 출간된 〈who?〉 시리즈는 그런 궁금증을 해결해 주기 위해 지구촌 다양한 분야의 리더들을 소개하고 있습니다.

〈who?〉 시리즈에 등장하는 인물들은 인종과 성별을 넘어 세상을 더 나은 곳으로 만든 사람들입니다. 어린이들은 이 책에서 디지털 아이콘으로 불리는 스티브 잡스는 물론 니콜라 테슬라와 같은 천재 발명가를 만날 수 있습니다.

책 속 주인공들의 어린 시절 이야기를 통해 기쁨과 슬픔, 도전과 성취감을 함께 맛보고, 그들과 함께 성장하면서 스스로 창조적이고 인류에 도움이 되는 사람이 되겠다는 포부와 자신감을 갖게 될 것입니다.

〈who?〉 시리즈 속에서 다채롭고 생동감 넘치는 위인들의 이야기를 만나 보세요.

에드워드 슐츠 하와이 주립 대학교 언어학부 교수

에드워드 슐츠(Edward J. Shultz) 하와이 주립 대학교 언어학부 교수는 동 대학의 한국학센터 한국학 편집장을 역임한 세계적인 석학입니다. 평화봉사단 활동의 하나로 한국에서 영어 교사로 근무한 경험이 있으며, 현재 한국과 미국, 일본을 오가며 활발한 활동을 펼치고 있습니다. 저서로는 《중세 한국의 학자와 군사령관》, 《김부식과 삼국사기》 등이 있고, 한국 중세사와 정치에 대한 다수의 기고문을 출간했습니다.

미래 설계의 힘을 얻는 길이 여기에 있습니다

어린이가 성장하는 시기에는 스스로 미래를 설계하며 다양한 책을 접하는 경험이 필요합니다.

어린 시절 만난 한 권의 책이 인생에 미치는 영향이 얼마나 큰지는 꿈을 이룬 사람들의 말을 통해서 알 수 있습니다. 빌 게이츠는 오늘날 자신을 만든 것은 동네의 작은 도서관이었다고 말하고, 오프라 윈프리는 어린 시절 유일한 친구는 책이었음을 고백하며 독서의 중요성에 대해 이야기합니다.

꿈을 이룬 사람들의 공통점은 또 있습니다. 그들에게는 어린 시절, 마음속에 품은 롤 모델이 있었습니다. 여러분의 롤 모델은 누구인가요? 〈who?〉 시리즈에서는 현재 우리 어린이들이 가장 닮고 싶어하는 롤 모델을 만날 수 있습니다. 버락 오바마, 빌 게이츠, 조앤 롤링, 스티브 잡스 등 세상을 바꾼 사람들의 감동적인 이야기를 담은 〈who?〉 시리즈는 어린이들이 구체적인 목표를 설정하고 희망찬 비전을 세울 수 있도록 도와줄 친구이면서 안내자입니다. 〈who?〉 시리즈를 통하여 자신의 인생 모델을 찾고 미래 설계의 힘을 얻을 수 있습니다.

송인섭 숙명 여자 대학교 명예 교수

숙명 여자 대학교 명예 교수이자 한국영재교육학회 회장으로 자기주도학습 분야의 최고 권위자입니다. 한국교육심리연구회 회장, 한국교육평가학회장, 한국영재연구원 원장을 역임했습니다. 자기주도학습과 영재 교육의 이론을 실제 교육 현장에 적용하기 위해 노력하고 있습니다.

평생을 이끌어 줄
최고의 멘토를 만날 수 있는 책

　　10대에 가장 중요한 것은 무엇일까요? 학과 공부와 입시일까요?
우리나라 최초의 국제회의 통역사로 30년 동안 활동하면서 글로벌
리더들을 만날 기회가 수없이 많았던 저는 대한민국의 초등학생들에게
특별한 조언을 해 주고 싶습니다. 그것은 큰 꿈을 가지는 것이 무엇보다
중요하다는 것입니다.

　　꿈은 힘들고 지칠 때 나를 이끌어 주는 힘이고 내 인생의 주인이 되어
일어설 수 있게 하는 원동력이 되어 줍니다. 꿈이 있는 아이가 공부도
잘하고 결국 그 꿈을 실현할 수 있게 되는 것입니다. 저 역시 어린 시절
품었던 꿈이 지금의 자리에 있게 한 원동력이었습니다. 남들이 모르는 큰
꿈을 마음속에 간직하고 있었기에 괴롭고 힘들어도 포기하지 않고 다시
일어설 수 있었습니다.

　　어린 시절 저에게도 힘들고 지칠 때마다 용기를 불어넣어 주고
힘이 되어 주었던 분들이 있었습니다. 지금의 자리로 저를 이끌어 준
멘토들처럼 〈who?〉 시리즈에서 여러분의 친구이자 형제, 선생이 되어 줄
멘토를 만날 수 있기를 바랍니다.

최정화 한국 외국어 대학교 교수

우리나라 최초의 국제회의 통역사로 현재 한국 외국어 대학교
통번역대학원 교수로 재직 중입니다. 세계 무대에서 자신의 꿈을
이룬 여성 신화의 주인공으로, 역시 세계에서 꿈을 펼치려고 하는
청소년들에게 멘토로서의 역할을 충실히 하고 있습니다. 저서로는
《외국어 내 아이도 잘할 수 있다》, 《외국어를 알면 세계가 좁다》,
《국제회의 통역사 되는 길》 등이 있습니다.

넬슨 만델라

넬슨 만델라는 남아프리카 공화국에서 존경받는 추장의 아들로 태어났어요. 당시 남아프리카 공화국을 점령한 유럽의 백인들은 흑인을 차별하며, 같은 사람으로 대우하지 않았지요. 이러한 현실에 눈을 뜨게 된 만델라는 어떻게 인종 차별에 맞설 수 있었을까요?

- 이름: 넬슨 만델라
- 생몰년: 1918~2013년
- 국적: 남아프리카 공화국
- 직업·활동 분야: 정치인
- 주요 업적: 남아프리카 공화국 최초의 흑인 대통령, 1993년 노벨 평화상 공동 수상

월터 시술루

성공한 흑인으로서 흑인들을 돕던 중 넬슨 만델라를 만났습니다. 이후 만델라가 흑인 인권 운동에 눈을 뜰 수 있도록 도왔습니다. 이들을 못마땅하게 여긴 백인 정권에 의해 만델라와 같이 오랜 시간 동안 옥에 갇혔습니다.

프레데리크 데클레르크

남아프리카 공화국의 백인 대통령으로 인종 차별 정책을 철폐하고 넬슨 만델라를 석방했습니다. 남아프리카 공화국의 민주주의와 인권을 지킨 공로를 인정받아 넬슨 만델라와 함께 노벨 평화상을 수상했습니다.

들어가는 말

- 남아프리카 공화국 최초의 흑인 대통령의 자리에 올라 인종 차별을 없애고 나라를 화해와 통합으로 이끈 넬슨 만델라에 대해 알아봐요.
- 넬슨 만델라의 고향인 아프리카와 남아프리카 공화국의 특징에 대해 알아봐요.
- 오늘날 대통령이 하는 일에 대해 살펴봅시다.

1 검은 왕족

넬슨 만델라는 1918년 7월 18일 남아프리카 공화국 움타타 지역의 움베조 마을에서 태어났습니다.

태어날 당시 만델라의 이름은 롤리흘라흘라였습니다. 롤리흘라흘라는 '나뭇가지를 잡아당긴다'는 뜻으로 '말썽꾸러기'라는 또 다른 의미가 있었습니다.

응애

만델라는 부모님의 사랑을 받으며 무럭무럭 자랐습니다.

내가 일등이다!

거기 서, 롤리흘라흘라!

헤헤, 내가 제일 빠르지?

후다다닥

아이고!

누구야?

이 말썽꾸러기!
아직도 놀고 있니?

앗, 아버지!

추장님!

너희도 어서 집으로 가거라.
늦은 시간이다.

네, 추장님.
안녕히 계세요.

왜 그렇게 보느냐?

아, 아버지가 멋져서요.

왜?

마을 사람들이 모두 존경하잖아요.

너도 자라면 존경을 받게 될 거다. 우리는 왕족이니까 말이다.

왕족이요?

정말요? 전 추장이 되면 아버지처럼 마을 사람들을 잘 이끌 거예요.

그래. 우리 가문은 코사 왕족이란다. 너도 크면 한 부족을 맡는 추장이 될 거야.

그래? 어떻게 말이냐?

그, 그건 아직…….

봐라, 롤리흘라흘라. 이 자연을!

우리는 자연 속에서
대지와 함께, 동물과
함께 어우러져
숨 쉬고 있단다.
그것을 잊으면 안 돼.

무, 무슨 뜻인지
모르겠어요.

곧 알게 될 게다.
자연을 존중하고
이 땅을 파괴하지 않는 한,
대자연 아래 우리는 모두
한 형제라는 것을 말이다.

만델라의 아버지는
템 부족의 추장이었습니다.
그는 마을 사람들의 존경을
한 몸에 받는 늠름하고 멋진
지도자였습니다.

어느 날, 평화로운 움베조 마을에 반갑지 않은 손님이 찾아옵니다.

여기 추장 어디 있어?

당장 나오지 못해?

어디 숨었어?

무슨 일이오?

너였군. *치안 판사의 명령을 거부한 놈이 말이야.

아, 주민 중 한 명이 황소를 잃어버린 사건 때문에 오셨군요. 그건 부족 회의에 따라 처리될 것입니다.

이 검둥아, 그건 재판관이 결정할 일이야. 넌 그냥 우리의 명령대로 오라면 오고 가라면 가면 돼.

……

스윽

사과하세요!

뭐라고?

아버지는 왕족이란 말이에요! 그런 태도는 용서할 수 없어요.

*치안 판사: 약식 재판의 권리를 가지는 재판관. 체포, 수색, 압수 영장을 발부할 수 있다.

뭐? 왕족?

사과하세요! 아버지는 마을 사람들의 존경을 받는 추장이시라고요!

그래? 그러니까 이 검둥이가 왕족이란 말이지?

……

그래요!

그랬군! 왕족이었구나!

헉!

아버지!

퍽

검은 왕족은 하얀 거지보다 못해!

아들에게 그건 안 가르쳐 줬나?

퍽

퍽

퍽

으윽!

아, 아버지!

가……만 있어라.

잘 들어, 검둥이 왕족.

지금부터 추장으로써 너의 모든 권한을 박탈한다. 너의 재산도, 지위도 전부!

알아들었지? 이게 이 나라의 법이야, 검둥이.

부 우 웅

아버지, 왜 이대로 물러서는 거예요? 왜요?

롤리흘라흘라, 들어가자. 지금 가장 괴로운 건 아버지야.

아버지
…….

별일 없을 테니 걱정 말아라.
치안 판사에게 가 봐야겠다.

터
벅..

터
벅..

…….

부
르
르..

아무 일도 없을 것이란 아버지의
말과는 달리 만델라네 가족은
모든 것을 잃었습니다.

재산과 지위를 잃은
만델라네 가족은 결국
쿠누라는 작은 마을로
이사했습니다.

하지만 만델라는 금세 새로운 환경에 적응하였습니다.
말썽꾸러기란 이름답게 쾌활하고 낙천적인 성격
덕분이었습니다.

하하, 이렇게 내려오면
엉덩이가 아프지 않아.

소젖은 이렇게 짜는 거야.

이야, 대단한데!

보글 보글

계십니까?

스윽

부인, 저는 학교 선생인데 롤리흘라흘라에 대해서 얘기를 나누었으면 합니다.

어머, 그 애가 또 말썽을 피웠나요?

아닙니다. 곁에서 지켜보니 꽤 영리한 아이 같아서요. 그 아이를 학교에 보내는 것에 대해서 어떻게 생각하시나요?

학교?

네, 롤리흘라흘라를 학교에 보내는 것이 어떻겠냐고 묻더라고요.

보냅시다. 공부를 하면 아이의 장래에도 도움이 되겠지.

콜록

콜록

그런데 당신, 몸은 괜찮은 거예요?

괜……찮소.

콜록

콜록

오늘 처음 학교에 나온 사람이 있지? 롤리흘라흘라!

네!

이름이 너무 길구나. 부르기 쉽게 영국식 이름을 지어 주마.

네 이름은 지금부터 넬슨이다. 알겠니?

네…….

자, 그럼 역사를 배워 볼까?
영국이 남아프리카 공화국에 도착했을 때
이 땅에는 문명이란 것이 존재하지 않았지.
모두들 벌거벗고 미개하게 살고 있었단다.

영국인들은 이 땅에 문명을 전파하고 학교를 세워 원주민들에게 문명의 혜택을 받게 했어.

이 학교도 그런 혜택 중 하나야.

……

그러니 항상 영국에 감사하는 마음을 가져야 해. 우리가 누리는 이 삶이 모두 영국인들의 도움으로 이루어진 것이니까.

네, 선생님.

만델라는 '넬슨'이라는
이름을 얻었고 열심히
학교를 다녔습니다.
그러던 어느 날이었습니다.

넬슨, 일어나. 어서!

무슨
일이에요?

네 아버지가,
아버지가······.

!!

아버지 왜 그러세요?

후
다
다
닥

넬······슨,
부디······.

훌······륭한
사람이······
되길······.

아버지가 돌아가시자 가정 형편은 더욱 어려워졌습니다. 어머니는 결국 만델라를 이웃 마을의 추장인 욘긴타바에게 보내기로 했습니다.

욘긴타바는 만델라 아버지의 도움으로 추장이 된 사람이었습니다. 그는 만델라를 기쁘게 맞았습니다.

어서 오렴. 기다리고 있었다.

넬슨.

네 아버지가 훌륭한 추장이었다는 것은 알고 있지?

내가 이 부족을 이끌게 되기까지도 네 아버지의 도움이 컸단다. 그래서 그 은혜를 갚고 싶구나.

네.

우린 한 가족이다. 이제부터 날 아버지라고 불러라. 내 아들 저스티스와도 형제로 지내고 말이다.

가, 감사 합니다.

대자연 아래 모두는 한 형제지. 서로 돕는 건 당연하단다, 넬슨.

아!

자연을 존중하고 이 땅을 파괴하지 않는 한, 대자연 아래 우리는 모두 한 형제다.

만델라가 욘긴타바와 살게 된 지 얼마 되지 않아 마을에 부족 회의가 열렸습니다.

......

부족 회의 구경하려고?

응, 중요한 일은 어떻게 결정되는지 궁금해.

올해는 가뭄 때문에 곡식 수확량이 많지 않습니다. 어떻게 대처할지 미리 생각해 두어야 합니다.

이런 건 추장이 미리 대비했어야 할 문제 아닙니까?

맞습니다. 먼저 추장의 자질에 대해 논의할 필요가 있어요.

아니, 농부가 추장에게 저렇게 말해도 돼?

넬슨, 아버지 말씀 잊었어? 대자연 아래 우리는 모두 한 형제야. 지위와 상관없이 말이야.

그래도 추장이잖아.

모두 똑같다니까? 추장이든 농부든, 노인이든 젊은이든.

욘긴타바의 부족 회의에서 지위와 신분의 차별은 없었습니다. 만델라는 완벽하게 평등한 이 부족 회의를 보고 깊은 감명을 받았습니다.

웅성 웅성 웅성

여러분의 말씀은 잘 들었습니다.

오늘은 시간이 늦었으니 다음에 다시 부족 회의를 열어 결론을 내리겠습니다.

넬슨, 여기서 뭐 하니?

부족 회의가 어떤 건지 궁금해서요.

휴, 졸려서 혼났네.

그래, 궁금증은 좀 풀렸니?

네. 그런데 왜 오늘 결론을 내지 않으셨어요?

왜라니? 최종 결론에서 한 명이 반대 했잖느냐.

하지만 다른 사람들은 모두 찬성했잖아요.

하하하, 그래도 누군가가 반대하는 결론을 낼 수는 없지.

그러다 결론이 나지 않으면 어쩌죠?

그땐 다시 부족 회의를 열어 토론하면 된다.

참, 조이 어르신.

무슨 일이지요?

전설이요?

그래, 사자와 싸우고 전쟁 속에서 부족을 지켰던 용맹한 전사들의 이야기 말이다.

들어 볼 테냐?

만델라는 밤늦도록 아프리카의 역사와 영웅들에 대한 이야기를 들었습니다.
이 일을 계기로 만델라의 가슴속엔 부족에 대한 자긍심이 싹트기 시작했습니다.

만델라는 욘긴타바의 후원 아래 건강한 청년으로 자랐고, 어느덧 열여섯 살이 되었습니다.

넬슨! 드디어 네가 성인이 되는구나, 하하하.

전 아직 믿기지도 않는걸요.

성인식을 치르고 나면 너도 부족 회의에 참여하게 될 거야. 그리고 장차 왕의 조언자가 될 공부도 시작할 것이다.

넬슨, 성인식 연설을 시작한대!

어서 가 보거라.

와, 벌써 다들 모였네!

후
다
닥

여러분은 이제 성인이 되었다.

하지만 너희의 미래는 불투명하다는 사실을 말해 주지 않을 수 없다.

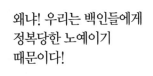

왜냐! 우리는 백인들에게 정복당한 노예이기 때문이다!

수많은 영웅이 일구어 온 터전을 그들이 빼앗았다! 백인의 땅에서 너희의 미래는 없어!

뭐……라고?

자유와 독립이 없는 이 땅에서 너희가 할 수 있는 일이라곤 기껏해야 백인들의 뒤치다꺼리일 뿐이야!

자네······.

꼭 그런 말을 해야 했나? 아직 꿈이 있는 아이들이야.

뒤늦게 좌절하는 것보다는 현실을 있는 그대로 아는 게 나아요.

······.

넬슨 만델라의 성공 열쇠

넬슨 만델라는 인종과 민족의 구별 없이 누구나 자유롭고 평등하게 살 수 있는 사회를 만들기 위해 싸웠어요. 그가 주장한 자유와 평등 정신은 많은 사람들에게 귀감이 되었고, 그는 전 세계적으로 존경받는 사람이 되었습니다. 남아프리카 공화국의 작은 마을에서 태어난 넬슨 만델라는 어떻게 훌륭한 사람이 될 수 있었을까요? 만델라가 가졌던 생각을 통해 성공 열쇠를 알아봅시다.

넬슨 만델라는 남아프리카 공화국 최초의 흑인 대통령입니다. ⓒ South Africa The Good News

하나 ▶ 대자연 아래 모두가 평등하다

만델라는 "대자연 아래 모두 형제이며 평등하다."라는 부족의 가르침을 평생 가슴에 담고 살았습니다. 이 말은, 모든 것은 자연으로부터 왔기 때문에 그 안에 사는 동식물과 사람은 모두 평화롭게 어우러져 살아야 한다는 뜻이에요.

때문에 만델라는 피부색이 다르다는 이유로 사람을 차별하거나 차별받는 것은 옳지 않다고 보았습니다. 그래서 누구나 정당한 권리를 누릴 수 있는 사회를 만들기 위해 맞서 싸웠습니다. 오랜 시간이 걸렸지만 흑인을 대하던 백인들의 태도는 조금씩 변하기 시작했고, 결국 흑인들도 정당한 권리를 누리게 되었어요.

만델라가 당했던 인종 차별만큼 심각하지는 않지만 우리 주변에도 여러 종류의 차별이 존재합니다. 나와 다르다는 이유로 곱지 않은 시선을 보내거나 다른 대우를 하는 것은 잘못된 행동이에요. 사람이라면 누구나 태어나면서부터 차별받지 않고 자유를 누리며 행복하게 살 권리를 가지기 때문입니다.

넬슨 만델라와 남아공 정부는 2010년 아프리카 최초로 월드컵을 유치했습니다.

흑인들의 권리를 위해 싸우던 만델라는 힘과 권력을 가진 백인들에 의해 평생 감옥에 갇혀야 하는 '종신형'을 선고 받습니다. 만델라를 중심으로 흑인들이 힘을 모으자 이를 무서워한 백인들이 만델라를 가둔 것이지요. 그러나 그 무엇도 만델라의 신념을 꺾지 못했어요. 만델라는 감옥 안에서 행해지는 부당한 대우에 대항하여 싸우기 시작했습니다.

넬슨 만델라가 흑인들의 권리를 위해 싸우다 수감되었던 감옥 ⓒ Samantha Marx

죄수복을 바꾸다

교도소에 들어간 만델라에게 지급된 죄수복은 반바지였습니다. 당시 반바지는 어린아이가 입는 것으로 여겼으므로, 죄수복이 반바지인 것은 흑인을 어린아이로 취급한다는 의미였습니다. 만델라는 이에 항의했고 결국 긴바지의 죄수복을 받을 수 있었습니다. 그러나 그 죄수복은 만델라에게만 지급된 것이어서, 만델라는 또다시 모든 흑인 죄수들에게 긴바지 죄수복을 지급할 것을 요구했습니다.

처음에는 간수들이 그런 만델라를 비웃었지만 서서히 흑인 죄수들에게 긴바지를 지급하기 시작했고, 3년 후엔 모든 죄수가 긴바지를 입을 수 있게 되었습니다.

who? 지식사전

감옥 안에서 받은 인권상

넬슨 만델라는 교도소에서 한 활동과 흑인 지도자로서의 상징성이 세계에 알려지면서 여러 차례 상을 받습니다. 이 상들은 인종 차별을 없애기 위해 싸운 것에 대한 공로로 주어졌습니다.

- 1979년 자와할랄네루상
- 1981년 브루노 크라이스키 인권상
- 1983년 유네스코 시몬 볼리바르 국제상
- 1989년 제1회 카다피 인권상

감옥에서 나온 뒤, 당시 남아프리카 공화국 대통령인 데클레르크를 만나는 넬슨 만델라의 모습 ⓒ World Economic Forum

국제 적십자사에 흑인 대표로 이야기하다

만델라가 로벤섬 교도소에 있었을 당시, 남아프리카 공화국의 흑인 인권 문제는 세계적인 관심사였습니다. 이때 국제 적십자사가 로벤섬의 교도소에 방문했습니다. 만델라는 흑인 대표로 국제 적십자사에 교도소 생활에 대해 말했습니다. 그는 도저히 먹을 수 없는 음식, 비인간적인 대우, 가혹한 노동량 등을 개선할 것을 요구했습니다. 국제 적십자사는 이를 세계에 알렸고 국제 사회는 남아프리카 공화국 정부에 로벤섬 교도소의 환경을 개선하라는 압력을 가했습니다.

로벤섬 교도소 죄수실 © Rudiger Wolk

단식 투쟁을 하다

1966년 7월, 로벤섬 교도소에서는 흑인 죄수들의 처우 개선을 요구하는 단식 투쟁이 벌어졌습니다. 처음에 간수들은 죄수들에게 더 많은 일을 시키고 음식을 보여 주면서 자극했습니다. 그런데 흑인 죄수들이 단식을 시작한 지 이틀이 지난 날부터 놀라운 일이 벌어졌습니다. 백인 간수들이 정부에 자기들의 처우 개선을 요구하며 단식을 시작한 것입니다. 이 사건은 정부를 놀라게 했고, 결국 남아프리카 공화국 정부는 간수들의 처우 개선, 이어 흑인 죄수들의 처우 개선까지 약속했습니다.

who? 지식사전

로벤섬의 위치

로벤섬

넬슨 만델라는 케이프타운 근처에 있는 로벤섬 교도소에서 수감 생활을 합니다. 이곳은 흑인 지도자나 부족의 추장을 수용했던 곳으로 외부와 단절되어 있었으며, 흑인들에게는 혹독한 생활로 악명 높은 곳이었습니다. 만델라는 이곳에서 때로는 간수와 싸우고 때로는 흑인 죄수들을 대변하며 수감 생활을 했습니다. 현재, 넬슨 만델라가 갇혀 있던 교도소 건물은 '자유의 기념관'으로 바뀌어 흑인 인권 운동의 승리를 기념하고 있습니다. 1999년에는 유네스코 세계 유산으로 지정되기도 했습니다.

만델라는 흩어져 있던 흑인들의 생각을 하나로 모으는
리더십을 발휘했습니다. 만델라의 리더십은 사회에서 흑인
인권 운동을 할 때에는 물론, 자유를 억압당한
교도소 안에서도 빛을 발했습니다.

'최고 기관'의 의장이 되다

만델라는 교도소 안에 흑인 죄수를 대표하는
모임을 만드는 데에 앞장섰습니다. 그 모임을
'최고 기관'이라 이름 지었고, 만델라 자신이
의장이 되었습니다. 최고 기관은 흑인 죄수들의
처우 개선을 위해 총회를 열었으며, 의견을
모아 간수들에게 요구 사항을 말했습니다.

로벤섬 교도소의 현재 모습 © Rudiger Wolk

만델라의 체계적인 조직력을 본 간수들은 크게
감탄했습니다. 자신들이 어린아이처럼 취급하며 우습게
보았던 흑인 죄수들이 체계적이고 조직적으로 움직이는 것을
보게 되자, 간수들은 그 중심에 있는 만델라에 대한 생각을
바꾸기 시작했습니다.

연극회를 개최하다

간수들 중 일부는 만델라와 대화를 하며 호감을
표시하기도 했습니다. 흑인의 대표이자, 적이었던
간수들마저 포용한 만델라의 인기는 점점
높아졌습니다. 만델라는 이러한 분위기 속에서 성탄절
연극회를 개최합니다.

교도소의 높은 장벽 안에 갇혀 있던 흑인 죄수들에게
연극은 새로운 활력소가 되었습니다. 이후 만델라는
연주, 보드 게임 등을 통해 흑인 죄수들의 갑갑한 마음을
달래 주었습니다.

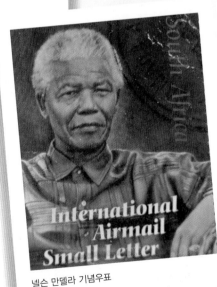

넬슨 만델라 기념우표

2 학교에 가다

만델라는 성인식을 치른 후 본격적으로 왕의 조언자 수업을 받기 위해 학교에 다니게 되었습니다. 만델라가 입학한 곳은 힐드타운의 기숙 학교였습니다.

여기가 바로

백인들이 세운 학교구나.

고향 사람들도 이런 생활을 누릴 수 있다면 얼마나 좋을까?

으윽!

아야!

헉!

아프지 않아?
식당에서 맞은 거
말야.

괜찮아, 내가 늦어서
그런 건데 뭘.

그런데 강당에는
왜 모이는 거야?

웰링턴 교장의
조회가 있어.
매일 하니까
익숙해지는 게
좋을 거야.

나는 위대한 귀족이자 워털루에서
나폴레옹을 물리친 웰링턴 공작의
후손이다!

참, 넬슨.

네.

너 코사 왕족
이라지?

반장이 되는 건 어떤가? 규율을 어기는
학생들을 관찰했다가 보고하는 것이다.

네, 열심히
하겠습니다!

뭐야…….

힐끗

너 왜 반장이 되겠다고
한 거야?

응?

반장은 학생들을
감시해서
선생들한테
보고하는
놈들이야.
말하자면 백인들의
끄나풀이지.

백인이 어때서?
이 학교만 봐도 우리 부족 사회와는
비교도 되지 않게 멋진걸?

그래? 그럼 백인들한테
아첨이나 하고 살아.
넌 아무것도 몰라.

뭐라고?

벌떡

모든 학생은
강당으로 모여라.
모든 학생은
강당으로 모여라.

!

뭐지?

벌떡

대체 누가 오는데
이렇게 소란이야?

여러분, 우리 아프리카인들은 위대한 문명을 이루고 살아왔습니다. 대자연 아래 모든 부족들은 형제가 되어 살았죠. 자연과 하나가 되었고 대지를 누비는 동물들과 조화를 이루며 살았습니다.

그러나 어느 날 불을 뿜는 무기를 들고 온 하얀 피부의 사람들이 우리의 문명을 파괴했습니다.

뭐?

저, 저런!

아!

그리고 이렇게 말했습니다. 이 땅에는 원래 문명이 없었다고요. 자신들은 흑인들에게 문명을 전수하는 고마운 사람들이라고요.

그들은 우리의 터전을 파괴하고 시멘트로 건물을 짓기 시작했습니다. 조화롭게 살아가던 동물들을 쏴 죽이기도 했지요.

그만! 그만 하시오!

여러분, 우리는 우리의 문화와 역사를 파괴하는 외국인들이 이 땅을 자기 것으로 만들도록 내버려 두어서는 안 됩니다.

번

쩍

우리의 찬란한 역사와 문화를 찾아야 합니다. 우리는 다시 일어서야 합니다!

넬슨 만델라의 터전

하나   자연이 살아 숨 쉬는 땅, 아프리카

만델라가 태어나 자란 대륙은 아프리카입니다. 아프리카는
아시아에 이어 두 번째로 면적이 넓은 대륙이에요. 무려 지구
전체 육지 면적의 20.4퍼센트를 차지하고 있지요.
이 넓은 아프리카에는 사람도 많아서 약 10억의 인구가 살고
있습니다. 원주민들은 북아프리카 일부를 제외하고는 거의
흑인이지만, 각기 다른 언어와 종교, 역사를 가진 다양한
부족들이 살아가고 있어요. 매우 풍부한 자원을 지니고
있지만, 개발이 되지 않은 곳이 많고, 부족들 사이의 갈등도
많아서 많은 사람들이 가난하게 살고 있지요. 날씨는 대체로
매우 더운 편입니다.
아프리카 대륙은 마다가스카르 같이 섬으로 이루어진 나라를
포함하여 50여 개 나라로 이루어져 있습니다. 아프리카는 원시
인류라고 알려진 오스트랄로피테쿠스 등의 유골이 발견된
곳으로, 현생 인류의 기원지라는 설이 있습니다.

지구상의 대륙 중 두 번째로 큰 아프리카
대륙 ⓒ Martin23230

who? 지식사전

지구 온난화로 빙하가 녹으면서 해수면이 높
아지고 있습니다.

지구 온난화와 아프리카

지구 온난화란 전 지구의 평균 기온이 점점 높아지고 있는 현상을 말합니다.
공장이나 차에서 좋지 않은 가스가 뿜어져 나오고, 공기를 정화할 수 있는 숲은
줄어들면서 지구가 온실처럼 점점 따뜻해지고 있는 것입니다. 지구 온난화로
인해 추운 곳에 있는 빙하가 녹게 되면 많은 땅이 물에 잠기게 되고, 사막은 더
빠르게 커지면서 많은 생명이 살아갈 땅을 잃을 수도 있어요. 몰디브와 같은
섬나라는 100년 안에 나라 전체가 없어질 위기에 처해 있기도 하지요. 유럽과 인도
등지에서는 여름마다 폭염으로 인한 사망자가 속출하고 있습니다. 우리나라에서도

사바나(열대 초원)

아프리카는 자연이 그대로 남아 있는 몇 안 되는
지역 중 하나입니다. 이 때문에 동물들의 낙원이기도
하지요. 사자, 코끼리, 기린, 얼룩말, 하이에나,
치타 등 동물원에서 볼 수 있는 동물의 원래 고향이
아프리카랍니다.
이 동물들이 사는 아프리카의 초원은 동물뿐 아니라,
일찍이 원주민들의 삶의 터전이기도 했어요. 아프리카
원주민들은 가축을 키우거나 초원으로 나가 사냥을 하며
먹을 것을 구했습니다.

탄자니아에 있는 사바나 ⓒ eismcsquare

사하라 사막

아프리카에는 초원만 있는 것이 아닙니다. 아프리카
북부에는 면적이 약 860만 제곱킬로미터에 달하는 세계
최대 사막인 사하라가 있습니다. 이곳은 우리가 살고 있는
대한민국의 86배나 되는 어마어마한 크기입니다.
세계에서 가장 건조한 사하라 사막은 광활한 모래밭입니다.
길도 없고 집도 없어서 한때는 '죽음의 땅'이라 불렸지요.
하지만 최근에는 이곳에서 자동차 랠리가 열리는 등 여러
관광 자원이 개발되고 있습니다.

아프리카 북부에는 세계 최대 사막인 사하라가 있
습니다. ⓒ Sidy Niang

여름이 점차 길어지고 있습니다.
그중 아프리카는 지구 온난화로 가장 많은 피해를 입는 지역 중 하나입니다. 날씨가
더워지며 농작물이 잘 자라지 못하고, 건조한 날씨로 인해 사막화가 빨라지면서
먹을 것이 부족해졌기 때문입니다. 또 해충이나 질병이 더 쉽게 퍼질 위험도
있습니다.
이러한 지구 온난화를 막기 위해서 우리가 할 수 있는 일이 있습니다. 전기를 아껴
쓰고, 일회용품의 사용을 줄이고 재활용을 실천하는 것이랍니다.

지구 온난화로 해충이나 질병이 더욱 쉽게
퍼지고 있습니다.

둘 만델라가 태어난 남아프리카 공화국

넬슨 만델라가 태어난 곳은 아프리카 중에서도 남쪽
끝에 있는 남아프리카 공화국입니다. 보통은 줄여서
남아공이라고 불러요. 남아공의 수도는 역할에
따라 셋으로 분리되어 있어요. 프리토리아(행정),
블룸폰테인(사법), 케이프타운(입법)이 그것입니다.
인구는 약 5천 4백만 명이며 흑인이 80퍼센트, 백인이
10퍼센트, 혼혈, 아시안 등 유색 인종이 나머지를
차지하고 있습니다. 다양한 인종이 모인 만큼 공용어도
영어, 아프리칸스어 등 11개 언어에 달합니다.

남아프리카 공화국의 위치 ⓒ TUBS

기후

남반구에 있는 남아프리카 공화국은 북반구에 있는
우리나라와 사계절이 반대로 나타난답니다. 우리나라가
여름이면 남아공은 겨울이고, 우리나라가 겨울이면
남아공은 여름이지요. 그러나 대체로 건조한 지역이
많으며, 일부 지역은 과도한 목장 개발로 사막화되고
있습니다.

종교와 문화

남아프리카 공화국 인구의 80퍼센트 이상이 그리스도교
신자들입니다. 이는 남아프리카 공화국에 정착한
백인들이 대부분 개신교도들이었고, 백인들이 오랜 세월
동안 사회 지도층을 형성하면서 흑인들도 그 영향을
받았기 때문입니다. 하지만 아직 지방에는 자연을
숭배하는 전통 종교와 삶의 방식대로 살아가는 이들도
많이 남아 있습니다.

케이프타운의 항구는 과거 유럽인이 식민지 건설의 기지로
사용하며 빠르게 발전하였고, 현재도 상점, 레스토랑, 호텔
등이 밀집해 있습니다.

부족 사회

넬슨 만델라는 코사의 일족이었습니다. 코사는
남아프리카 공화국에 살았던 강한 부족 중 하나였어요.

부족이란 두 개 이상의 씨족이 모인 집단을 말합니다. 예를 들어 김 씨 가족과 이 씨 가족이 모여 한데 어울려 살면 부족 사회가 이루어지는 것이지요. 아프리카 원주민들은 대부분 부족 사회를 이루고 살았습니다. 이들은 혈연관계로 이루어져 공동체 의식을 가졌지요. 그래서 부족 사회는 모두가 친인척이었고, 아프리카인들에게 대자연 아래 모두가 한 형제라는 의식을 심어 주었습니다. 그들은 공기를 함께 나누어 마시듯 형제와 자식, 부모의 역할도 함께 나눈다고 생각했습니다. 그래서 아버지가 죽으면 삼촌이 아이를 거두었습니다. 아이도 삼촌을 아버지처럼 따랐지요. 이러한 부족 사회는 세월이 흐르며 점점 복잡해지고 발달했지만, 아프리카인들에게는 문제가 되지 않았어요. 부족 사회가 커질수록 친인척이 늘어났고 더욱 단단한 결속력으로 이어졌습니다. 이렇게 혈연으로 맺어진 부족을 지키기 위해 아프리카 남성들은 용감해져야 했으며, 용기를 시험하는 성인식이 만들어지기도 했습니다.

아프리카 남부의 칼라하리 사막에 거주하는 부시먼족

줄루족 점쟁이 ⓒ Wizzy

who? 지식사전

남아프리카 공화국의 대표적인 부족

• 줄루족: 한때 가장 강력한 세력을 키웠던 부족입니다. 현재 남아프리카 공화국의 토착 부족 중 가장 큰 부분을 형성하고 있습니다.
• 코사족: 넬슨 만델라와 관계 깊은 코사족은 남아프리카 공화국 남부에 몰려 있으며 약 500만 명이 살고 있습니다.
• 템족: 넬슨 만델라의 아버지가 추장이었던 부족입니다. 템족은 코사족에서 갈라져 나온 작은 부족입니다.

3 대학생이 된 만델라

1940년 스물한 살이 된 만델라는
흑인 대학인 포트헤어 대학에 입학했습니다.

척

안녕? 난 폴 마하바네야.
너 코사 왕족인 넬슨 맞지?

응, 맞아.
그런데 무슨
일이야?

너 ANC에
가입하지
않을래?

거기가
뭐 하는
곳인데?

아프리카 민족 회의.

인종 평등을 위해 평화적 시위를 하고,
아프리카의 흑인들이 어떤 어려움에
처해 있는지 알리는 모임이야.

음, 꼭 가입해야
하는 건 아니지?

그래.
강요하는 건 아니야.

삐
익

후
다
다
닥

만델라는 흑인을 위한 운동을 하는
학생들과는 달리 학업에만 충실했습니다.
만델라가 수업 시간에 필요한 책을 사러
거리에 나선 어느 날이었습니다.

난 백인의
심부름 따위
하지 않아.

뭐가 어째?
내가 누군지
아느냐?

뭐 해?
어서 줍지 않고!

네?

글쎄, 세상에서 자기들이
가장 잘난 줄 아는 백인 중
하나겠지.

가자, 넬슨.

그, 그래.

이, 이놈들……

넬슨, 어제 서점에 간 일이 있었나?

네, 교수님.

질이 아주 나쁜 친구와 같이 있었다더군. 폴 마하바네라는 녀석 말일세.

나쁜 친구는 아니었습니다. 단지 백인이 심부름을 시키려고 해서…….

저런, 벌써 폴에게 물이 들었군. 폴은 ANC에 가입한 불량 학생일세. 자넨 모범적인 코사 왕족이지 않나?

그런 친구와 어울리지 말게. 그리고 말이야,

…….

백인이 심부름을 시키는 것은 감사하게 생각하고 받아들여야 하네.

시켜 준다는 것. 그 자체가 백인한테 인정받는다는 게 아닌가?

인정요?

흑인에겐 영광스러운 일이지. 그러니까 자넨 그저 시키는 대로만 하면 된다네.

참, 얼마 후에 학생회 선거 있는 거 알지? 지금처럼 내 말만 잘 듣고 조용히 있어 준다면 자네를 학생회장으로 추천하겠네.

!

말도 안 돼. 흑인들은 백인들의 말만 잘 들으면 된단 말이지? 그 생각을 모조리 바꿔 주겠어!

저벽

저벽

학생회 선거 안 하기 운동에 동참할 사람?

무슨 소리야?

선거를 안 해?

지금 학생회는 대학에서 시키는 일만 하잖아. 학생들의 의견은 받아들이지도 않고 말이야.

그러니까 학교를 위한 학생회가 아닌 학생을 위한 학생회를 만들자 이 말이지?

쉽게 바뀔 수 있을까?

한번 해 보는 거야!

학생회 선거를 거부해서 우리의 의견을 전하자!

난 찬성이야!

학생회는 더 이상 백인 교수들의 꼭두각시가
되어서는 안 됩니다. 학생회 선거는
연기되어야 합니다!

학생회의 권한을 보장하라!
우린 더 이상 백인들이
시키는 대로 하지 않겠다!

이 검둥이 놈들!
모두 체포해!

우르르

이쪽이야!

빨리!

탁 탁 탁

아니요.
제가 판단한
겁니다. 더 이상
백인 교수들이
시키는 대로
학생회를
운영하지 않을
겁니다.

정말 위험한 생각이군.
이봐, 흑인들은 멍청하고
미개해. 그래서 스스로
뭔가를 결정하지 못하지.

그렇지
않습니다.

난 자네를 선량하고
말 잘 듣는 흑인이라고
생각했는데, 이제 보니
선량한 학생들을 선동하는
고약한 녀석이었어.

자넨
퇴학일세!

교수님,
이건 옳지 않습니다.

당장 짐 싸서
집으로
돌아가게!

아!

학교에서 퇴학당한 만델라는 어쩔 수 없이 욘긴타바의 마을로 돌아왔습니다.

그게 무슨 말이냐? 퇴학이라니?

실망시켜 드려서 죄송해요.

하아, 할 수 없지. 그럼 이렇게 하자.

난 이제 늙고 지쳤다. 내 자리를 물려받을 누군가가 필요해. 그래서 네가 내 곁에 있어 줬으면 한다.

무슨 말씀이세요?

너에게 마을을 하나 맡기겠다. 우리 부족의 조언자가 되어 곁에 있어다오.

전 아직 어려요. 결혼도 안 했고……

그래서 널 결혼시킬 작정이야.

네?

이미 신부도 다 정해 놨다.

전 아직……

……

휴, 어쩌지?

힐끗

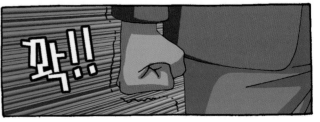

꽉!!

백인들의 침략

하나 제국주의

남아프리카 공화국을 비롯한 아프리카는 유럽 강대국들의
침략을 받았습니다. 이것을 이해하기 위해서는 먼저
제국주의에 대해 알아야 합니다. 제국주의는 한 나라의
정치적, 경제적 지배권을 다른 나라에까지 확대하는
정책입니다. 유럽의 열강들은 다른 나라를 침략하여 자기
나라의 식민지로 만들었습니다. 이러한 제국주의는 19세기
말에서 20세기 초에 정점을 이루었는데, 아프리카 대륙은
서구 열강의 침략에 의해 대륙 전체가 식민지화되었습니다.

둘 희망봉 발견

그렇다면 유럽의 백인들은 남아프리카 공화국의 존재를
어떻게 알게 되었을까요? 역사는 약 500년 전으로 거슬러
올라갑니다. 포르투갈 탐험가 '바르톨로메우 디아스'가

☐ 스페인
☐ 이탈리아
■ 프랑스
■ 영국
■ 독일
■ 포르투갈
■ 벨기에

제1차 세계 대전 당시, 유럽이 아프리카를
침략해 차지한 영토를 보여 주는 지도

who? 지식사전

아프리카에 경계선을 그은 유럽인들

유럽이 아프리카에 영향을 미치기 전, 아프리카 대륙에서 나라 간의 경계는 큰 의미가 없었어요. 오래전부터 이어지던 관습에
따라 자신의 부족이 활동하는 영역이 곧 영토가 되었기 때문이지요. 그러나 아프리카에 침략한 유럽인들은 이런 전통을
인정하지 않았습니다. 오히려 명확한 경계선을 긋길 원했지요.
유럽의 강대국들은 1884년, '베를린 회의'에서 자신들의 생각을 공식적으로 발표했고, 이 결정은 아프리카 대륙에 커다란
문제를 가져왔어요. 부족에 대한 이해 없이 오로지 땅의 크기만으로 나라의 경계를 정하는 바람에 같은 부족이 갈라지고,
서로 적이었던 부족이 함께 사는 경우가 생겨났기 때문입니다. 그 예로 콩고강의 양쪽에는 같은 언어와 문화를 가진 사람들이
살고 있었는데 벨기에와 영국이 강을 경계로 땅을 나눠 가지는 바람에 양쪽의 사람들은 억지로 헤어지게 됐어요. 이렇게
유럽인들의 욕심은 아프리카 대륙을 불안하게 만들었어요. 지금도 아프리카의 몇몇 나라들은 이런 문제로 인해 정치적인
싸움을 계속하고 있습니다.

남아공 케이프타운의 희망봉을 발견하면서부터입니다.
하지만 이때엔 남아공에 살고 있던 원주민과는 별다른 충돌이
없었습니다. 당시 희망봉 발견은 새로운 항로를 개척한다는
의미가 컸으니까요.

케이프타운 희망봉. 포르투갈 탐험가가 유럽에 이곳
의 존재를 처음으로 알렸습니다.

셋 〈 보어인의 상륙

그로부터 200년 후, 네덜란드의 동인도 회사가 케이프타운에
상륙해 아시아를 대상으로 무역을 하기 위한 기지를 건설하기
시작했어요. 그 후로 많은 네덜란드인이 케이프타운에
상륙했으며 몇몇의 독일, 프랑스인 신교도들도 그들을 따라
이주해 왔습니다. 케이프타운에 정착한 네덜란드인들은
스스로를 '보어'라고 불렀어요. 보어는 네덜란드어로
농부라는 뜻입니다. 보어인들은 케이프타운을 스스로
개척하지 않았습니다. 힘든 일은 남아프리카에 살고 있는
원주민들에게 강제로 시켰습니다.

넷 〈 원주민과의 갈등

아프리카 원주민들은 공기와 땅은 대자연에서 빌리는
것이기 때문에 누군가의 소유가 아니라고 생각했습니다.
그래서 원주민들은 케이프타운에 보급 기지를 설립하러 온
보어인들에게 순순히 땅을 내주었습니다.
그러나 보어인들은 땅을 자기 것으로 소유하려 했습니다.
원주민과 갈등이 일어난 보어인들은 아예 모든 토지를 빼앗기
위해 원주민과 싸우기 시작했습니다. 원주민들과 백인들의
싸움은 100년 동안 계속되었고, 결과는 신식 무기를 사용하는
백인들의 승리였습니다. 전쟁에서 패한 원주민들은 자신들이
살던 땅에서 쫓겨나거나 백인들의 전쟁에 동원되기도
했습니다.

보어 여성과 아이들

다섯 영국의 침략

보어인들이 흑인 노예들을 거느리고 남아프리카와 무역을
하며 수익을 얻자, 당시 세계 최강국인 영국은 이 지역을
침략하기로 합니다. 결국 영국은 1815년, 남아프리카의 일부
지역을 자신들의 식민지로 만듭니다. 보어인들은 이런 영국과
갈등을 빚지요.

영국인들은 보어인들과 다를 바가 없었습니다. 원주민을
노예로 혹독하게 다루었고 그들의 땅 또한 빼앗았어요.
이렇게 영국은 원주민들의 부족을 정복하며 식민지를
더욱 넓혀 나갔지요. 그러나 아직 완전히 정복되지 않은
원주민들이 있었습니다. 이들과 영국군은 대규모로
충돌했습니다.

영국의 아프리카 지배를 풍자한 만화

여섯 보어 전쟁

보어인들이 지배하고 있던 영토까지 욕심을 낸 영국군은
보어인들과도 전쟁을 벌입니다. 이것을 '보어 전쟁'이라고
합니다. 원래 이 땅의 주인이었던 아프리카 원주민을

who? 지식사전

줄루족의 영웅 샤카

줄루 족장 샤카

아프리카의 원주민들 중에는 영국군에게 쉽게 정복당하지 않았던 부족도 있어요. 그중 하나가
줄루족입니다. 줄루족에는 '검은 나폴레옹'이라는 별명의 영웅 '샤카'가 있었어요. 샤카는 전술을
개발하고 신식 무기를 만들었으며 군대를 무섭게 훈련시켰습니다. 줄루족은 본래 1,500여 명에
불과했던 작은 씨족이었으나 샤카의 통치로 남아프리카의 부족들을 정복해 나갑니다. 세력을
넓히던 줄루족은 마침내 영국군과 충돌하게 되었지요. 이 전투에서 샤카가 이끄는 줄루족은
창만으로 총으로 무장한 영국군을 이겼습니다. 그러나 이 모든 전투를 이끈 샤카는 얼마 지나지
않아 죽고 말았습니다. 영국군은 샤카가 없는 줄루족을 압박하기 시작했습니다. 줄루족의 전사들은
용감하게 싸웠으나 결국 1879년, 영국군에 완전히 패배합니다. 그 후 영국군들은 거칠 것이
없었고, 남아공의 원주민들은 빠르게 영국군의 총칼에 무너졌습니다.

놔두고 영국군과 네덜란드인들이 땅의 주인이 되기 위해
벌인 전쟁입니다.
보어 전쟁은 두 차례에 걸쳐 일어났어요. 1880년에 일어나
1881년까지 이어진 1차 보어 전쟁은 소규모 전투였으나
1899년에 일어나 1902년까지 이어진 2차 보어 전쟁은 대규모
전투였습니다.

2차 보어 전쟁 당시, 보어 게릴라군

일곱 **남아프리카 연방**

영국이 전쟁에 승리하자 보어인과 영국인들은 힘을 합쳐
대영 제국 연방에 가입한 남아프리카 연방을 세우기로
합니다. 이 연방은 1910년부터 1961년까지 존재했습니다.
남아프리카 연방은 훗날 이름을 바꾸는데 이것이 남아프리카
공화국입니다.
보어인과 영국인의 전쟁은 끝났지만 원주민과는 아무런
상관이 없는 일이었습니다. 이제 백인들은 힘을 합쳐
원주민인 흑인들을 차별하고 억압했습니다. 바로 그런
시기에 넬슨 만델라가 태어납니다.

보어 전쟁 당시 불타고 있는 보어인 농장

케이프 식민지를 건설한 얀 반 리베크

얀 반 리베크의 초상화

찰스 벨이 그린 〈얀 반 리베크의
케이프 도착〉

얀 반 리베크(1619~1677년)는 네덜란드의 식민지
책임자이자 남아프리카 케이프(지금의 케이프타운)에
식민지를 건설한 사람입니다.
1651년, 그는 남아프리카에 네덜란드 사람들이 살 수 있는
곳을 만들라는 명령을 받고 아프리카에 왔습니다. 1652년,
케이프에 자리 잡은 얀 반 리베크는 네덜란드 동인도 회사가
아시아에 진출할 수 있도록 무역 항로를 만듭니다. 그는
이곳에서 항구를 정비하고 과일과 야채를 재배했으며,
코이코이족에게서 가축을 수입하기도 하였습니다.

4 요하네스버그에서

만델라는 광산에서 일하던 중
요하네스버그에서 성공한 흑인
월터 시술루에 대해 듣게 되었습니다.
만델라는 부동산 일을 하는 월터를
찾아갔습니다.

끼익..

월터 시술루라는
분을 뵈러 왔는데요.

이쪽으로 오게!
그런데 누구신가?

안녕하세요.
사람들이 월터 씨를 찾아가면
도움을 받을 수 있다고 해서
왔습니다.

무슨 일인데?
내가 도울 수 있는
일이라면 얼마든지.

저……, 법 공부를 하고
싶어서요.

법을? 흑인이
말인가?
왜?

도시에서 생활하다
보니 흑인들이 많은
차별을 받고 있는 걸
알겠더라고요.
법을 알면 흑인들에게
도움이 될 것
같아요.

이야, 멋진
청년이군!
자네 같은
흑인이 많아야
하는데 말이야.

내가 소개시켜 줄 수 있는 법률 사무소가
있는데, 한번 일해 볼 텐가?

정말입니까?
감사합니다,
감사합니다!

월터가 소개한 곳은
'비트킨·시델스키와 에이델만
법률 사무소'라는 곳이었습니다.
이곳은 요하네스버그에서 비교적
큰 법률 회사에 속했습니다.

만델라는 법률 사무소에서 서류 정리, 차 나르기,
쓰레기 버리기 등 잡다한 일을 도맡아 했습니다.

넬슨,
이거 좀 버려.

넬슨,
커피 한 잔
타 와.

신입!
빨리빨리 안 움직여?

네, 갑니다.
가요!

후유
…….

이봐, 첫날이라
힘들지? 점심이나
먹자고.

어느 날, 만델라는 법률 사무소의 심부름으로 도서관에 가기 위해 버스를 기다리고 있었습니다.

검둥이! 이 버스는 백인 전용이야. 흑인 버스는 다음에 온다고.

안 탈 거면 물러서!

도서관에 도착한 만델라는 필요한 책을
찾기 위해 열람실에 들어갔습니다.

검둥이,
지금 뭐 하는 거야?

책을 좀 보려고요.

검둥이는 의자에
앉으면 안 돼.
생각해 봐. 어떤 백인이
검둥이가 앉은 의자에
앉으려 하겠어?
재수 없게.

뭐,
뭐라고요?

뭐야, 그 표정은? 반항하는 거야?
쫓겨나고 싶어?

벌떡

！

사회생활을 하면서 겪는 인종 차별은 너무나
심했습니다. 만델라는 힘겨운 나날을 보내고
있었습니다.

터벅

터벅

넬슨,
소식 들었나?

어? 월터 씨,
여긴 무슨 일이세요?

버스비를
25퍼센트나
인상한다는
발표가 났어.

25퍼센트요?

그래, 앞으로 흑인들은 월급의 대부분을 버스비로 내게 될지도 몰라.

휴, 저는 지금도 버스비가 없어 10킬로미터나 되는 거리를 매일 걸어 다니는걸요.

맞아, 흑인에겐 월급도 제대로 주지 않으면서. 정말 가혹한 일이지.

좋은 방법이 없을까요?

그래서 버스비 인상 반대 시위를 계획하고 있어. 버스를 타지 않는 운동을 벌이는 거야. 자네도 함께하겠나?

그런 일이라면 당연히 참여해야죠!

그래, 그럴 줄 알았어.

버스비 인상
철회하라!

흑인의 삶을
보장하라!

흑인들이 시위를 벌이자 정부에서는
대책 회의가 열렸습니다.

이러다가
흑인 *폭동이 날 것
같습니다.

흑인들의 시위가 파업으로
이어지면 경제적으로
타격이 큽니다.

어쩔 수 없죠.
버스비 인상은 당분간 하지
않는 게 좋겠습니다.

그럼 그렇게
정부의 입장을 정리하죠.

*폭동: 집단적 폭력 행위를 일으켜 사회의 질서를 어지럽히는 일

요하네스버그에서 **89**

와아아!
맞서 싸우자!

인상 반대!

흑인들은 들어라.
너희의 요구 조건을
들어주겠다.

버스비 인상은 없을 것이다.
그러니 모두 해산하라.

와아

아파르트헤이트

피부색으로 차별한 분리 정책

남아공을 지배한 백인들은 백인과 흑인을 정책적으로
분리하려고 했습니다. 아파르트헤이트(Apartheid)는 분리,
혹은 격리를 뜻하는 단어입니다.

1913년, 흑인들이 가질 수 있는 땅을 제한한 토지법은 그
첫걸음이 되었습니다. 흑인들은 바위가 많은 쓸모없는 땅만
가질 수 있었습니다. 조금이라도 쓸모가 있는 땅은 모두
백인들의 소유가 되었지요.

1948년, 보어인이 주축이 된 국민당이 정권을 잡자 강력한
분리 정책을 실시하였습니다. 국민당은 관습적으로 차별하던
흑인들을 법적으로 차별하기 시작했어요. 그리고 모든 면에서
백인과 흑인, 유색 인종을 분리하기 시작했어요.

흑인을 비롯한 유색 인종은 이에 맞서는 인권 운동을
계속했고, 국제 사회도 남아공 정부를 강도 높게
비난했습니다. 결국 1993년, 흑인에게도 정치 참여권이
부여되었고, 아파르트헤이트는 1994년 완전 폐지되었답니다.

개와 유색 인종은 출입할 수 없음을 알리는
표지판 ⓒ Ullischnulli

who? 지식사전

백인 전용임을 나타내는 표지판
ⓒ 티 C

아파르트헤이트 정책의 의미

전 세계에 악명을 떨친 남아공의 아파르트헤이트 정책의 의미는 그동안 관습적으로
실행되던 인종 차별을 법적으로 정비했다는 데에 있습니다. 이로써 백인들의 차별에
저항하는 흑인들이 어떤 일을 하더라도 법을 어겼다는 이유로 처벌할 수 있게 되었답니다.
그러나 이러한 아파르트헤이트 정책은 남아공 정부가 예상하지 못한 방향으로
흘러갔습니다. 국제 사회는 남아공을 맹비난했고 흑인들은 더욱 심해진 차별에 대해
조직적으로 저항했으며, 때로는 정부와 무력 충돌을 하기도 했습니다.
흑인들을 억압하기 위해 추진했던 정책이 오히려 역효과를 낸 것이지요. 결국 남아공의
뿌리 깊은 인종 차별은 흑인 인권 운동으로 이어지게 됩니다.

인종 간 혼인 금지법(1949년)

서로 다른 인종끼리 결혼할 수 없다는 내용의 법입니다.
백인은 백인끼리, 흑인은 흑인끼리만 결혼해야 했습니다.

주민등록법(1950년)

의무적으로 만 16세 이상의 모든 국민에게 신분증을
만들도록 한 법입니다. 개개인의 인종 정보는 4개의
등급으로 등록증에 표시되어 차별의 근거가 되었어요. 백인이
최상위 등급, 흑인이 최하위 등급이며 중간에 혼혈을 포함한
유색 인종, 아시아계 인종 등급이 있었습니다.

아파르트헤이트를 계획하는 모습

반공법(1950년)

공산당의 활동을 금지한 법입니다. 공산당원에게는
징역 10년 이상의 가혹한 처벌을 할 수 있도록 했습니다.
그러나 이 법은 흑인들을 공산주의자로 몰아 살해하는
데 악용되었어요. 수많은 백인 경찰들이 흑인들을
공산주의자로 몰아 죽였습니다.

집단지구법(1950년)

인종에 따라 거주할 수 있는 구역을 나눈 법입니다. 흑인은
백인 거주 지역에 함부로 들어갈 수 없었고 통행증을
발급받아야 했습니다. 이 법은 아파르트헤이트의 핵심적인
법입니다. 집단지구법이야말로 인종별로 사람을 '분리'한
'아파르트헤이트'였기 때문입니다.

영국에 있는 남아공 대사관 앞에서 아파르트헤이트 반대
시위를 하는 사람들(1989년) ⓒ rahuldlucca

반투자치법(1951년)

나라 안에 흑인들만의 정부를 만든 법입니다. 남아공
정부는 이 법에 근거하여 흑인들은 남아공 국민으로 볼 수
없다며 '반투스탄'이라고 불리는 불모지에 흑인들을 집단
이주시켰습니다. 흑인들의 권리와 혜택을 완전히 박탈하여
흑인을 더 쉽게 착취하기 위한 의도였습니다.

영어, 아프리칸스어, 줄루어로 표시된
아파르트헤이트 표지판 ⓒ Guinnog

시설분리보존법(1953년)

화장실, 식당 등 공공 편의 시설을 서로 다른 인종이 함께 이용할 수 없게 하는 법입니다. 흑인들은 이미 관습적으로 백인 전용 시설을 이용할 수 없었으나 이용한다고 해도 쫓겨날 뿐 법적으로 처벌받지는 않았습니다. 하지만 이 법으로 인하여 백인 전용 시설을 이용하는 흑인은 법적 처벌을 받게 되었습니다.

반투교육법(1953년)

모든 흑인 아동의 취학을 정부가 통제하는 법입니다. 백인 정부는 흑인에게 백인을 감사하게 생각하고 백인을 위해 일하는 것이 값진 일이란 것에 대해서만 교육할 뿐 글도 가르치지 않았습니다. 또한 흑인들에게 글을 가르치는 학교에는 지원금을 주지 않았습니다.

반투교육법은 인종에 따라 교육 과정을 무려 17단계로 구분하였는데 흑인들은 가장 낮은 등급에 속했어요. 남아공 정부는 흑인들의 노동력을 착취하기 위해서는 흑인들이 많이 배울 필요가 없다고 생각했던 것입니다.

극작가인 토니 커시너의 젊은 시절.
아파르트헤이트 관련 시위를 하는 모습이에요.
© Timothy Horrigan

who? 지식사전

아파르트헤이트 박물관의 입구
© Nagarjun Kandukuru

아파르트헤이트 박물관

아파르트헤이트 박물관은 남아공 요하네스버그의 서남쪽에 있는 사우스데일에 자리 잡고 있습니다. 박물관 내부로 들어가는 입구에는 백인과 유색 인종의 출입문이 구분되어 있는데, 관람객들이 남아공에서 아파르트헤이트를 행했던 당시의 흑인과 유색 인종의 입장이 되어 전시를 관람하도록 하기 위한 것입니다. 박물관 안으로 들어서면, '주민등록법'에 의해 인종 분리의 중요한 수단으로 사용되었던 흑인들의 신분증명서들이 전시되어 있으며, 남아공의 흑인 다큐멘터리 사진 작가 어니스트 콜의 기록 사진 전시실 등의 자료가 전시되어 있습니다.

흑인자치정부촉진법(1958년)

'홈랜드' 또는 '반투스탄'이라고 불리는 흑인 집단 거주지를
남아공에서 분리된 독립 국가로 인정하는 법입니다.
흑인들은 홈랜드 안에서 투표권을 행사하며 독립 국가를
만들 수 있었어요. 하지만 홈랜드는 사실상 경제적 자립이
불가능했고, 남아공 정부는 여전히 홈랜드의 흑인들에게
많은 영향을 끼쳤습니다.
국제 사회는 홈랜드의 독립을 인정하지 않았어요.
남아공이 흑인 노동력을 착취하기 위해 강제로
독립시킨 것이었기 때문입니다.

홈랜드 시민권법(1970년)

남아공 정부는 인종 차별에 대한 국제 사회의 비난
목소리가 높아지자 홈랜드에 거주하는 흑인들에게서
남아공 국민으로서의 모든 권리를 박탈한 후
외국인으로 간주했습니다. 흑인들은 외국인이므로
남아공 정부는 국민을 피부색에 따라 차별하는 것이
아니라고 주장하는 것이지요. 국제 사회의 비난을
피하려는 의도였어요. 이처럼 남아공 백인 정부는 흑인이라는
이유로 국민을 버리기까지 했습니다.

홈랜드의 하나인 치스케이의 농촌 지역

소 아파르트헤이트와 대 아파르트헤이트

남아공 백인 정부의 인종 분리 정책은 크게 '소 아파르트헤이트'와
'대 아파르트헤이트'로 나뉩니다. '소 아파르트헤이트'는 백인과 유색 인종의 거주지
분리, 인종에 따른 전용 시설 이용 등을 통해 차별한 것이고 '대 아파르트헤이트'는
남아공을 백인 국가와 흑인 국가로 완전히 분리한 것을 말합니다. '대
아파르트헤이트'가 바로 홈랜드 정책입니다.
남아공 정부는 거칠고 메마른 땅에 홈랜드를 만들었는데, 그 면적은 남아공
전체 면적의 10퍼센트에 불과하였습니다. 그러나 남아공 정부는 전체 인구의
80퍼센트를 차지하는 많은 흑인들을 이 홈랜드에 밀어 넣었지요.

빨간색으로 표시된 곳이 홈랜드였습니다.

흑인 해방 운동

만델라는 ANC 사무실을 찾았습니다.
ANC는 아프리카 흑인들의 권리를 지키기 위한
모임이었습니다. 이들은 주로 폭력을 사용하지 않고
평화적인 방법으로 백인 정부에 흑인의 권리를
알렸습니다.

오늘 새 친구를 데리고 왔네!

안녕하십니까?

아, 누군가 했더니 넬슨이잖아.

포트헤어 대학에서 학생회
선거 거부 운동을 했던 녀석 맞지?
나도 그 대학에 있었어.
난 올리버 탐보.

저를
아세요?

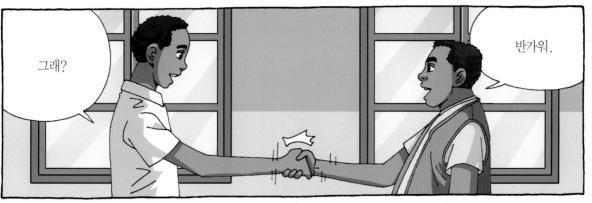

그래?

반가워.

이제 봤더니 넬슨이 보통 사람이
아니었군. 처음 만난 동지들에게
인사말이라도 하게.

네, 그럼
한마디
하겠습니다.

……

저는 얼마 전 흑인들이 힘을 합치면 세상을 바꿀 수 있다는 것을 알게 되었습니다. 그리고 더 많은 활동을 하고 싶어 ANC에 정식으로 가입하게 되었습니다.

잘 왔어. 환영하네.

그런데 ANC는 흑인들의 진정한 자유를 위해서는 부족한 느낌이 있습니다.

그게 무슨 소리야?

ANC는 지금보다 더 적극적으로 행동해야 합니다. 지금까지의 흑인 인권 운동은 너무 소극적이었어요.

넬슨, 우리는 비폭력 사상을 지켜 왔기 때문에 많은 흑인들의 환영을 받을 수 있었어. 이제 와서 방향을 바꾸면 반발이 있지 않을까?

…….

음, 그럼 이건 어떨까요? ANC 안에 새로운 조직을 만드는 겁니다.

새로운 조직?

네, 행동하는 젊은 흑인들이 참여하는 청년 연맹 말입니다.

1944년, 만델라는 ANC 안에 청년 연맹을 만들었습니다. 평화적인 방법으로 아프리카 흑인들의 중심점이 되고자 했던 ANC의 정신을 해치지 않으면서도 흑인의 자유와 권리를 위해 보다 적극적으로 행동하기 위해서였습니다.

만델라는 자신의 꿈을 이루기 위해
법 공부도 소홀히 하지 않았습니다.

그리고 1952년, 변호사 시험에 합격하여 마침내 친구 올리버 탐보와 함께
법률 사무소를 차렸습니다. 흑인으로는 처음 있는 일이었습니다.

만델라,
네가 변호사 시험에
합격하다니!

드디어 꿈을 이뤘어!
이제 흑인들에게 더 많은
도움이 될 수 있겠지?

만델라가 낸 법률 사무소는
흑인들에게 대단한 인기를 얻었습니다.
법적인 지식이 없어 백인들에게
억압받으면서도 정당한 권리를 주장할
수 없었던 흑인들에게 흑인 변호사는
구세주나 다름없었습니다.

Mandela and Tambo

하지만 백인들은 흑인 변호사를 인정하지 않았습니다.

흑인 주제에 무슨 자유고 권리야?

변호사라니, 인정할 수 없어.

가만뒤선 안 된다고.

떡

아악!

떡

떡

뭐야?

윽!

후다다닥

백인들의 테러다!

모두 도망가!

백인들은 흑인이 자신들의 의견을 주장하는 것이 마음에 들지 않았습니다. 날이 갈수록 만델라를 향한 백인들의 위협은 심해졌습니다.

넬슨! 아무래도 이사해야겠어.

윽! 여기서 나갈 수나 있을까?

그래서 법률 사무소는 아예 박살나 버렸단 말이야?

네, 그래서 다음 주에 흑인 지역으로 이사하려고요.

큰일이야. 갈수록 흑인이 살기 힘든 세상이 되고 있어.

참, 흑인 교육법이 통과된 건 알고 있나?

들었어요. 이제 흑인은 제대로 교육받지도 못하겠죠.

흠.

그뿐만이 아냐. 인도 사람 같은 아시아인들에 대한 차별도 심해졌어. 완전히 백인 세상이 된 거지.

사회 곳곳에서 아파르트헤이트가 점점 강화되고 있어.

남아프리카 공화국은 흑인 차별을 법으로 정한 '아파르트헤이트' 정책을 추진했습니다. 아파르트헤이트는 '분리'란 뜻으로 흑인과 백인을 분리하는 정책이었습니다.

백인 정부는 남아프리카 공화국의 인종을 4등급으로 나누었는데 그중 가장 낮은 등급이 흑인이었습니다.

백인이 1등급, 백인 피가 섞인 혼혈은 2등급, 아시아인은 3등급, 너희 흑인들은 4등급. 가장 하찮은 것들이지.

......

백인들은 최하 등급인 흑인들과 함께 사는 것을 수치스럽게 여겼습니다. 그래서 흑인들만 사는 지역을 만들어 강제로 이주시켰습니다.

결국 남아프리카 공화국
전체 인구의 80퍼센트를
차지하는 흑인들은 국토의
10퍼센트 남짓한 공간에서만
살 수 있게 되었습니다.

빨리 들어가!
들어가라고!

흑인은 흑인 전용 교육을
받았고, 가질 수 있는 직업도
정해져 있었습니다.

흑인은 우리 회사에서
일할 수 없어.

아…….

그리고 흑인은 정치에도
참여할 수 없었습니다.
이렇게 남아프리카 공화국의
흑인들은 국민으로서의
모든 권리를 빼앗겼습니다.

대통령 선거가 있다면서?

우리하곤 상관없어.
투표는 백인만 하니까.

이건 우리에게 좋은 기회예요. 흑인뿐만 아니라 차별받는 다른 인종도 우리의 모임에 끌어들일 수 있다고요.

그래, 모든 유색 인종들이 힘을 합쳐 백인들에게 우리의 뜻을 보여 주는 거야.

좋은 방법이 있나?

파업이에요.

파업?

흑인들이 일하지 않으면 이 나라의 경제는 돌아가지 않아요. 모든 흑인들이 일하지 않겠다고 버티면 백인들이 꼼짝 못 할 거예요.

좋은 생각이야!
일단 민족 지도자들을 모으자.

만델라의 지휘 아래
남아프리카 공화국에 사는
유색 인종들의 대표가
한자리에 모였습니다.

여러분, 제 말을
들어주십시오!
정부는 인종 차별
정책을 강화하고

우리를 탄압하고
있습니다. 이대로
백인들의 노예가 되어
살 수는 없습니다!

그래서 오늘 자유 헌장을 낭독하고
백인 정부를 향한 시위에 들어갈
계획입니다. 동참해 주시기
바랍니다!

우리는 민주 국가의 국민으로써
이 나라에 진정한 민주주의가
실현될 때까지 투쟁할 것을
맹세하며 자유 헌장을 채택한다.

만델라가 주창한 ANC의 자유 헌장이
알려지자 사회 곳곳의 흑인들도
단체 행동에 나섰습니다.

인종차별 정책을 철회하라!

우리는 백인과 같은 국민이다!

뭐야?

이것들이 미쳤나?
빨리 일하지 못해?

퍽

퍽

때리지 마시오.
우리도 인간이오!

뭐가 어째? 정신을 못 차렸군.

으득

만델라는 백인들에게 흑인들의 생각을 알릴
또 다른 계획을 세웠습니다.
백인이 남아프리카 공화국에 정착한 지
300년이 된 것을 기념하는 행사를
망쳐 버리는 것이었습니다.

알지? 오늘이
백인들의
축제라는
거.

이 땅에 백인이 발을 들인 지
300년이 된 기념행사라지?
그런 게 기념할 일이야?

저들에게 똑똑히 알려 주자고.

흑인들은 만델라가 체포된 후에도 끊임없이 투쟁했습니다. 어느새 만델라의 정신이 흑인들에게 전파되어 그들 스스로 행동해야 사회를 바꿀 수 있다는 것을 알게 되었기 때문입니다.

인종 차별 정책 철폐하라!

공공시설을 이용할 수 있는 자유를 달라!

만델라의 자유 헌장으로 시작된 흑인들의 시위에 남아프리카 공화국 정부는 당황하고 있었습니다.

흑인들의 시위가 갈수록 심해지고 있는데 어떻게 하면 좋겠습니까?

흑인들이 주장하는 것들 중 몇 가지만 허락하는 건 어떨까요?

그럼 흑인들에게 우리가 지는 것
아닙니까? 그럴 수는 없습니다.
다른 방법을 찾아야 합니다.

좋은 방법이
있긴 한데…….

그게 뭡니까?
어서 말해 보세요.

시위대에게
총을 쏘는 겁니다.

그럼 무서워서라도
흩어지겠지요.

총? 그러다가
사람들이
죽기라도 하면
어쩝니까?

검둥이들 목숨이
뭐 그리 대단합니까?

……

맞아요, 그들은 사회를 어지럽히는 폭도일 뿐입니다!

하긴, 나라의 질서를 바로잡는 게 우선이지요. 그렇게 합시다.

만델라를 풀어 줘라!

백인 정부 물러가라!

와 와 와

NO!

NO!

우르르

저건 총이잖아?

척

설마 우리한테 쏘겠어?

만델라는 그가 주장한 자유 헌장이 정부를 위협한다는 혐의로 재판을 받았으나 무죄 판결을 받고 풀려났습니다.

만델라!

무사히 나와서 다행이야.

감옥 안에서 샤프빌 학살 소식을 들었습니다.

정말 끔찍한 일이었어. 그 뒤로 시위를 중단할 수밖에 없었지.

어떻게 죄 없는 국민들에게 총을 쏠 수 있지?

돌아가서 대책을 마련해 보자고.

전 결심이 섰습니다.

국민을 쏴 죽이는 이 나라에는 희망이 없어요. 우리도 *무력 투쟁을 해야 합니다.

무력 투쟁?

새로운 단체가 필요해. 내가 만들 거야.

평화적인 방법으로는 흑인들의 목숨이 위험하다고 생각한 만델라는 이후 남아프리카 공화국 정부에 무력으로 투쟁하는 '민족의 창'이란 단체를 결성합니다.

민 족 의 창
Onmkhonto We Sizue

그래, 우리의 힘만으로는 부족하지. 걱정 말고 다녀오게.

월터 씨, 새로운 단체의 운영을 맡아 주세요. 전 외국으로 나가 이곳의 실상을 알리고 지지를 호소하겠어요.

그로부터 얼마의 시간이 흐른 뒤 해야 할 일이 있었던 만델라는 남아프리카 공화국의 국경을 넘어 외국으로 나갔습니다.

*무력 투쟁: 때리거나 부수는 육체적인 힘, 혹은 군사적인 힘을 동원해 투쟁하는 것

만델라는 여러 나라를 돌면서 남아프리카 공화국의
흑인들이 어떤 상황에 처해 있는지 세계에 알렸습니다.

지금 남아프리카 공화국 정부는 흑인을 탄압하고 있습니다.

전 세계는 이 남아프리카 공화국의 흑인 청년을
주목하게 되었습니다.

남아공으로 돌아와 얼마 후.

만델라 씨죠?

누구십니까?

월터 씨의 심부름으로 왔어요. 이것들로 변장하세요.

고마워요.

저쪽에 버스가 있어요. 기사로 변장해서 요하네스버그로 가면 됩니다.

후후후.

부릉..

만델라! 너인 줄 알고 있다.

끼이익

끼익

순순히 나와!

앗!

넬슨 만델라의 젊은 시절. 넬슨 만델라는 ANC 안에 청년 연맹을 만들고, 후엔 ANC 의장을 지내기도 했어요.

남아프리카 공화국의 흑인 인권 운동

샤프빌 학살 당시의 참상을 그린 그림
© Godfrey Rubens

하나 아프리카 민족 회의(ANC)

흑인들도 백인들의 인종 차별을 당하고만 있었던 것은 아닙니다. 흑인들은 자신들의 입장을 알리고 인종 차별을 없애기 위한 모임을 만들었습니다.

그 모임이 아프리카 민족 회의(ANC)입니다. ANC는 1912년에 결성된 '남아프리카 원주민 민족 회의'에서 출발하여, 1923년 ANC로 이름을 바꾸었어요. 이 모임은 백인과의 대화를 시도했으며, 평화적이고 비폭력적인 방법으로 인종 차별을 극복하기 위해 노력했습니다.

하지만 평화적인 방법으로는 한계가 있었습니다. 그래서 1944년, 넬슨 만델라는 ANC 안에 흑인들이 적극적으로 행동하기 위한 청년 연맹을 만들었어요. 또 무장 투쟁을 주장하는 사람들은 1959년, '범 아프리카 회의(PAC)'를 결성하여 ANC에서 분리되었습니다.

그러나 샤프빌 학살 이후 ANC의 만델라 역시 무력 투쟁 단체 '민족의 창'을 결성했고, 이후 흑인 인권 운동은 평화적인 시위에서 무력 항쟁의 시기로 넘어가게 됩니다.

둘 샤프빌 학살

아파르트헤이트 정책에 대한 흑인들의 시위는 대체로 평화적이었으나 백인 정부는 이조차도 용납하지 않았어요. 흑인들이 거리로 나와 시위를 계속하자 남아공의 백인 정부는 마침내 흑인들을 향해 총탄을 발사합니다. '샤프빌 학살'이라 불리는 이 사건은 250여 명의 사상자가 생긴 대참사였지요.

통합
지식+ 5

이후 흑인 인권 운동은 커다란 변화를 겪습니다. 흑인 차별에 대한 분노가 전국적으로 퍼져 나갔고, 전 세계가 남아프리카에서의 흑인 차별이 얼마나 심각한지 깨닫고 이를 비난하기 시작했습니다.

셋 소웨토 항쟁

1976년, 남아공 교육부는 모든 과목을 아프리칸스어 (남아프리카 공화국의 공용 네덜란드어)로 가르친다는 정책을 발표합니다. 이것은 흑인 언어와 문화를 말살시키고, 아프리칸스어를 모르는 흑인들은 교육을 받을 수 없게 하려는 법안이었어요. 6월 16일, 소웨토 지역의 흑인 학생들은 정책 철폐를 주장하며 거리를 행진하는 시위를 벌였습니다.

헥터 피터슨을 기념하기 위한 박물관. 헥터는 흑인 차별 정책에 반대하는 시위에 참여했다가 열세 살의 나이에 목숨을 잃었습니다. ⓒ Babak Fakhamzadeh

그러나 백인 경찰은 학생들에게 가차 없이 총을 쏘았고 열세 살의 흑인 학생 헥터가 총에 맞아 숨졌습니다. 쓰러진 헥터의 모습이 기자의 카메라에 담겼습니다. 이 사진은 곧 흑인들 사이에 퍼졌으며, 사진을 본 흑인들은 분노했습니다. 소웨토 지역의 주민들뿐만 아니라 전국의 노동자와 학생 모두가 백인 경찰에 맞서 일제히 투쟁했고, 일부 백인도 이러한 움직임을 지지했습니다. 이것을 '소웨토 항쟁'이라 부릅니다. 남아공에서 행해진 아파르트헤이트의 야만성을 전 세계에 알린 소웨토 항쟁은 흑인 인권 운동의 전환점이 된 사건이었습니다. 지금도 남아공에서는 매년 소웨토 항쟁이 시작된 6월 16일을 기리고 있습니다.

소웨토의 모습. 소웨토에서 시작된 항쟁은 아파르트헤이트의 야만성을 전 세계에 알렸습니다. ⓒ András Osvát

President
Nelson R
Mandela

흑인 인권 운동의 상징적 인물이 된 넬슨 만델라

넷   '민족의 창'의 무력 투쟁

샤프빌 학살을 계기로 조직된 '민족의 창'은 1962년, 만델라가 감옥에 들어간 후에도 지속적인 활동을 했습니다.

민족의 창이 흑인들의 전폭적인 지지를 받기 시작한 것은 소웨토 항쟁으로 1,300여 명의 흑인 사상자가 발생한 뒤부터였습니다. 그 후 민족의 창은 1980년 석탄 액화 공사 폭파, 1983년 남아프리카 공화국 공군 본부 습격 등 게릴라 활동을 하며 적극적으로 백인 정부를 공격했습니다.

남아공 정부는 이러한 흑인들의 무력 투쟁에 더욱 강력히 대응하게 되었는데, 결국 1986년 흑인 인권 운동은 '인민 전쟁'을 선언하며 총격전으로까지 가게 됩니다.

흑인들의 무력 투쟁은 넬슨 만델라가 감옥에서 석방되어 흑인 인권 운동가로 돌아오기 직전까지 계속되었으며, 전 세계에 남아공의 실상을 알리는 역할을 했습니다.

다섯   흑인 의식 운동

소웨토 항쟁 이후 남아프리카 공화국에서는 흑인들의 저항 운동이 보다 적극적으로 일어났고, 1970년대에는 스티브

who? 지식사전

스티브 비코의 무덤 ⓒ Socrammm

기억해야 할 남아공의 흑인 인권 운동가, 비코

넬슨 만델라 못지않게 남아공에서 사랑받는 인권 운동가가 있습니다. 바로 1977년, 서른의 이른 나이에 백인 경찰의 고문에 의해 사망한 흑인 인권 운동가 '반투 스티브 비코'입니다.

비코는 SASO(남아프리카 흑인 학생 연합)라는 단체를 조직해 급진적인 흑인 인권 운동을 이끌며 아파르트헤이트 체제에 대항해 싸웠습니다.

남아공 정부는 비코의 연설, 모임을 금지시켰으며 특별한 이유 없이 구속했다가 풀어 주기도 했습니다. 그러던 중 1977년, 경찰에 체포된 비코는 체포된 지 한 달 만에 백인 경찰의 고문과 구타에 의해 사망합니다.

비코를 비롯한 학생들이 중심이 되어 흑인들의 의식을
변화시키기 위한 운동을 일으킵니다. 이들은 이를 흑인 의식
운동이라 했습니다.

흑인 의식 운동은 처음엔 교회에서 흑인에게 읽기,
쓰기, 재봉, 보건 등을 가르치는 것부터 시작되었는데,
흑인들이 자긍심을 갖게 하고 스스로 자립할 수 있도록
하는 것이 목표였습니다.

흑인 의식 운동은 다양한 교육을 통해 흑인들의 잠재의식
속에 있는 뿌리 깊은 열등감을 거두고, 자신의 존재를
깨달아 정신적으로 자립하여 결국엔 흑인의 해방으로
나아가는 거대한 저항 운동이라 할 수 있습니다.

한때 ANC를 상징하는 깃발이었으며, '민족의 창' 투쟁기
이기도 했습니다.

여섯 남아공 흑인 인권 운동의 결실

흑인 인권 운동은 처음엔 만델라나 스티브 비코 같은 흑인
인권 운동가들이 주도했습니다. 그러나 곧 흑인 사회
전반에 걸쳐 자신들의 인권은 스스로 되찾아야 한다는
의식이 생기기 시작했지요. 남아공 곳곳에서 흑인들은
스스로 자유를 얻기 위해 거리로 나갔습니다.

이러한 흑인 인권 운동은 남아공 내부만 변화시킨 것이
아닙니다. 세계는 남아공을 주목했고 남아공 안에서
일어나는 인권 운동이 남아공 정부의 극심한 인종 차별
정책 때문임을 알게 되었습니다.

세계 여러 나라가 남아공과 관련된 수출과 수입을
막으며 정부를 압박했습니다. 그러자 수출 산업이
많았던 남아공은 심각한 위기에 빠지게 됩니다. 결국
남아공 정부는 감옥에 갇혀 있던 넬슨 만델라를 석방하고 인종
차별 정책을 철폐해야 했습니다. 이러한 흑인 인권 운동의
결과로 지금의 남아공에선 흑인들이 자유롭게 거리를 오가는
모습을 볼 수 있게 되었습니다.

요하네스버그에 있는 넬슨 만델라 다리 ⓒ NJR ZA

6

27년간의
감옥 생활

재판장님, 만델라는 포트헤어 대학에서 학생회 선거 거부 운동, 요하네스버그에서 버스 요금 인상 철폐 운동을 한 적이 있는 불량한 자입니다.

또한 정부의 정책에 반대하는 자유 헌장을 만들고, 흑인의 파업과 시위를 주도한 인물입니다.

최근에는 정부에 무력으로 대항하는 단체를 결성하였고 그 후에도 외국으로 나가서 남아프리카 공화국 정부를 비난하였습니다.

정부에 대항하고 전 세계에 남아프리카 공화국을 욕되게 한 만델라에게 국가 *반역죄를 적용해 사형을 구형합니다.

*반역죄: 나라와 겨레를 배반하고 통치자에게서 나라를 다스리는 권한을 빼앗으려 한 죄

재판장님, 이 법정에
서야 할 사람은 제가 아니라
이 나라의 백인 정부입니다.

백인만을 위한 법을
만들고 흑인을 착취하여
인간과 인간 사이에
차별을 만든 이 나라의
정부가 죗값을 치러야
합니다.

......

저는 사랑하는 남아프리카 공화국이
모두가 평등한 민주 국가가 되도록
양심에 따라 행동했습니다.

......

나라가 국민을 무력으로 진압한다면
반대로 국민도 나라를 상대로 무력을
행사할 수 있습니다. 우리는 우리의
생존을 위해 투쟁했던 것입니다.

저는 남아프리카
공화국에 자유와 평등,
진정한 민주주의가
오는 그날까지 투쟁을
계속할 것입니다.
필요하다면 목숨을
버릴 각오도 되어
있습니다.

아!

으흠.

어제 만델라의 재판이
있었습니다.

판결은?

판결은 다음 재판 때
최종 선고합니다.
그리고 이건 만델라의
최후 진술입니다.

음…….

만델라가
재판정에서 한 말이
언론으로 나가는 걸 막아.
이걸 보면 또 흑인들이
일어날 거야.

알겠습니다.

만델라와 같은 흑인 지도자가 나타나자 남아프리카 공화국 정부는 긴장했습니다. 백인 인구의 8배가 넘는 흑인들이 폭동을 일으킨다면 그 영향력은 걷잡을 수 없었기 때문입니다.

모두 주목!

만델라의 최후 진술을 신문에 싣지 마시오! 말을 듣지 않으면 신문사를 없애 버리겠어.

......

장관들께서는 만델라를 어떻게 처리하는 것이 좋을지 생각해 보셨습니까?

만델라는 사형시켜야 합니다. 만델라 같은 흑인 지도자가 있으면 흑인들이 다시 모여 전국적인 시위를 벌일 것입니다.

지금도 흑인들의 움직임이 심상치 않습니다. 그 중심엔 만델라가 있고요.

그렇다면 아예 싹을 잘라 버려야겠군. 무조건 사형을…….

만델라의 최후 진술이 알려졌습니다! 그것도 전 세계에!

뭐, 뭐라고?

전 세계에?

남아프리카 공화국의 철저한 단속에도 불구하고 만델라의 최후 진술은 세상에 알려졌습니다.

만델라, 자유와 평등을 위한 끝없는 투쟁할 것

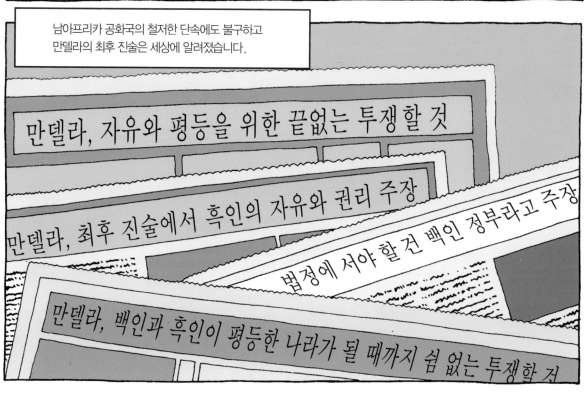

만델라, 최후 진술에서 흑인의 자유와 권리 주장

법정에 서야 할 건 백인 정부라고 주장

만델라, 백인과 흑인이 평등한 나라가 될 때까지 쉼 없는 투쟁할 것

남아프리카 공화국의 흑인들은 만델라의 석방을 요구하며 파업과 시위를 벌였습니다.
이 소식은 전 세계로 퍼져 유럽과 미국에서도 시위가 일어났습니다.

세계가 남아프리카 공화국 정부를
비난하자 정부는 만델라의 처리를
놓고 고민하게 되었습니다.
만약 만델라를 사형시킨다면
전 세계 사람들에게 비난을
받을 수도 있기 때문입니다.

만델라는 어느새
남아프리카 공화국의 전 국민과
전 세계의 지지를 받는 인물이
되어 있었습니다.

만델라는 흑인에게 가혹하기로
소문난 로벤섬의 감옥에
갇혔습니다. 그러나 그는 어디에
있든 투쟁을 이어 나가기로 합니다.

입어!

이건 입지 않겠소.
짧은 바지라니, 아이들이
입는 옷이잖소.
흑인을 어린애 취급하지
마시오.

뭐가 어째?
너한테 그런 선택권은 없어.
당장 입어!

거부하겠소.

뭐야?

그만하시지. 만델라를 건드리면 우리가 가만있지 않을 거야.

이, 이것들이 ......

도와줘서 고마워요.

천만에요, 선생님.

이곳의 흑인들도 선생님을 알고 있어요.

나를 안다고요?

당신들도 간수와 맞서 싸우는 진정한 용기를 보여 주었소.

하 하 하

자유 헌장을 만들고 시위를 주도하셨잖아요. 거기다 목숨을 걸고 해외로 나가 전 세계에 우리의 처지를 알리셨고요.

그건 아무나 할 수 없는 일입니다. 진정한 용기를 가진 사람만이 할 수 있죠.

만델라가 감옥에 있는 동안 흑인 인권 운동은 더욱 격렬해졌습니다. 국가가 힘으로 국민을 상대하면 국민도 무력으로 투쟁할 수 있다는 만델라의 말 그대로였습니다.

물러서지 마!

우린 계속 저항한다!

어이, 검둥이! 이리 와서 쓰레기 좀 치워.

생활 속에서 흑인들의 의식도 깨어나고 있었습니다. 흑인들의 머릿속에는 자신들이 차별받고 있으며 그 차별은 잘못되었다는 생각이 자리 잡았습니다.

난 백인의 명령대로 움직이지 않아.

이, 이놈…….

저항과 충돌이 계속되면서 1990년까지 남아프리카 공화국의 흑인 약 3백만 명이 백인 정부에 의해 사망했습니다.

검둥이들! 이제 무서운 게 없군.

우리도 사람이야. 당하고만 있을 순 없다고!

남아프리카 공화국의 이런 상황을 전 세계가 규제하기 시작했습니다.

아니, 어떻게!

죄 없는 흑인들을 수백만 명이나 죽이다니. 이제부터 남아프리카 공화국과의 모든 무역을 중단하겠소.

남아프리카 공화국으로 가는 항공편은 잇달아 취소되었으며 올림픽이나 월드컵에도 참가할 수 없었습니다.

이 나라의 백인들은 비행기를 탈 자격이 없어.

남아프리카 공화국은 어떤 세계 대회도 참가할 수 없습니다.

이러한 분위기가 계속되자 남아프리카 공화국 정부는 흑인 문제에 대해 진지하게 고민하기 시작했습니다.

한편 만델라는 감옥 안에서 차별과 맞서고 있었습니다.

책을 읽고 싶은데 좀 갖다 주겠소?

뭐? 검둥이가 무슨 책이야?

넬슨, 무슨 책을 읽고 싶나? 내가 갖다 주지.

소장님!

교도소장실

소장님, 왜 만델라에게 잘해 주시는 겁니까?

이봐, 세계적으로 주목받는 만델라가 감옥 안에서 학대 받는다는 소문이 나면 정부는 더욱 난처해질 거야.

하지만 요구 사항을 들어주기 시작하면 끝도 없을 거예요. 제가 버릇을 고쳐 놓죠.

만델라! 나와!

죄수 주제에 책? 아직 정신을 못 차렸나?

펙

펙

내일 다시 오지. 그땐 말을 잘 듣는 게 좋을 거야!

캉

텅

텅

뭐야? 누가 문을 두드려?

감옥에 갇힌 만델라는 죄수들의 지지를 받으며 백인 간수들의 차별에 맞섰습니다. 이런 만델라의 노력은 세계로 알려져 감옥 안에서도 각종 인권상을 수상하기에 이르렀습니다.

만델라가 감옥 안에서 인권상을 받았다는 소식은
밖에서 흑인 인권 운동을 하고 있는 사람들을 감동시켰습니다.

역시 만델라야.
감옥 안에 있지만
훌륭한 정신은 꺾이지
않았어!

이것 봐! 만델라가 또
감옥 안에서 상을 받았어.
감옥 안에서도 간수들의
차별에 맞서고 있다지?

만델라의 몸은 비록 감옥 안에 있었지만
그 이름은 널리 퍼지고 있었습니다.
바깥세상의 흑인들은 종종 만델라가
밖에 있었다면 어땠을지 상상하며
그에 대해 이야기했습니다.

짧은 바지였던
흑인 죄수복을
긴 바지로 바꿨다던데?

얘기 들었어? 감옥 안의 만델라가
흑인 죄수들에게 글을 가르친대.

단식 투쟁을 해서
흑인 죄수들의 먹을거리를
좋은 것으로 바꿨대.

감옥 안에서도
그 정도인데
밖에 있었다면
어땠을까?

감옥 안의 풍경도 조금씩 바뀌기
시작했습니다. 흑인 죄수들은 만델라를
중심으로 하나로 모여 자유와 희망을
이야기하였습니다.

비록 몸은 자유롭지 않지만,
우리의 마음속에는 저마다
뜨거운 불씨가 숨어 있습니다.

그러자 간수들도 예전처럼 흑인들을 함부로 대하지 못했습니다.
몇몇 간수들은 흑인 죄수들에게 평화로운 질서를 심어 주는
만델라에게 호감을 표시하기도 했습니다.

선생님 덕분에 이곳 분위기가
한결 좋아졌습니다.

하하하, 뭘요. 모두 함께
노력한 결과지요.

세계사 속의 흑인 인권

하나 › 노예로 팔려야 했던 흑인들

아프리카 흑인은 원래 자신의 땅에서 부족을 이루어 평화롭게 살던 사람들이었습니다. 하지만 이들 중 많은 사람들이 납치되어서 유럽인에게 팔려갔고, 백인들은 이들을 짐승을 운반하듯 화물칸에 실어 각 나라로 데려갔습니다. 미국으로 향하는 배를 탈 경우 몇 달에 걸친 항해를 해야했지만, 열악한 환경에 시달리다 땅을 밟기도 전에 배 안에서 죽는 이들도 많았습니다. 육지에 도착한 흑인들은 백인이 소유한 재산이 되어 이리저리 팔려 다녔고 그런 비참한 생활은 세대를 이어 계속되었습니다.

영국에서 흑인 노예 제도 폐지를 이끌어낸 정치가
윌리엄 윌버포스

둘 › 노예 제도 폐지의 움직임

18세기 말부터 19세기 초까지 종교적, 인도적인 이유로 노예 제도 폐지에 대한 목소리가 힘을 얻게 됩니다. 그러다가 1807년, 영국이 노예 제도를 폐지하자 유럽의 다른 나라에서도 차례차례 노예 제도를 폐지하게 되었습니다.

그렇다고 세계 곳곳에 노예로 팔려 갔던 흑인들에게 완전한 자유가 보장되었던 것은 아닙니다.

특히 미국의 경우, 남부 지역의 목화 사업이 흑인 노예의 노동력에 의지했기 때문에 노예 제도 폐지는 쉽지 않은 문제였습니다. 19세기, 유럽에서 노예 제도를 유지하고 있는 미국을 비난하는 여론이 형성되자 미국 내에서도 노예 제도에 대한 견해가 갈리게 됩니다. 결국 노예 제도를 반대하는 정당들이 모여 공화당을 창당합니다. 공화당은 노예 해방을 주요 공약으로 내걸었습니다.

1860년, 공화당 후보로 미국 대통령 선거에 출마한
에이브러햄 링컨은 노예 해방을 공약으로 내걸고, 제16대
대통령으로 당선되었습니다. 대통령이 된 링컨이 공약대로
노예 해방을 하려 하자, 흑인 노예의 노동력이 필요했던
남부 지역은 일제히 이에 반발했습니다.

결국 남부 지역은 남부 연합을 결성하여 미국 정부를 상대로
독립 전쟁을 벌였지요. 이것이 바로 미국 남북 전쟁입니다.

링컨은 전쟁 중 '노예 해방 예비 선언'을 합니다. 1863년
1월 1일까지 남부 연합이 미 연방에 다시 가입하지 않으면
남부의 노예 해방을 선언하겠으며, 흑인이 미연방의
군대에 입대할 수 있도록 하겠다는 것이었습니다.

하지만 남부 연합은 전쟁을 계속했고, 링컨은 1863년
1월 1일에 예정대로 '노예 해방 선언'을 하였습니다.

미국 제16대 대통령인 링컨의 모습을 본뜬 밀랍 인형

이 선언이 남부에서 고통받는 흑인을 당장 해방할
정도로 실제적인 것은 아니었지만, 여론을 유리하게 이끌고
남부의 사기를 꺾을 수 있었습니다. 그 후, 미국 남북 전쟁은
북군의 승리로 끝났습니다. 그러나 링컨은 남부 연합 출신의
백인에게 암살당하였습니다.

who? 지식사전

유럽의 흑인 인권

영국을 비롯하여 유럽의 열강들은 아프리카에서 잡아 온 흑인을 노예로 부렸으나, 18세기 말부터 불어닥친 인도주의(인간의
존엄성을 최고의 가치로 여기는 태도)의 영향으로 19세기 들어 차례차례 흑인 노예 제도를 폐지합니다. 하지만 서구
열강들은 노예제를 폐지하는 대신 힘없는 나라를 식민지로 삼아 자기의 나라에 편입시켰습니다.

유럽의 흑인 인권 회복은 미국이나 남아공과는 다른 모습을 보입니다. 미국, 남아공에서의 흑인 인권 운동은 흑인이 인종
차별에 맞서 싸우며 얻어 낸 승리라면, 유럽에선 백인들이 스스로 문제를 인식하여 흑인 문제를 풀어냈다는 점에서 차이가
있습니다.

넷 마틴 루서 킹

미국은 노예 제도가 폐지되었음에도 불구하고 흑인에 대한 차별과 억압이 여전히 남아 있었고, 특히 남부 지역에서는 심각한 수준이었습니다. KKK(Ku Klux Klan)단 같은 백인 우월주의 단체를 결성하여 흑인에게 테러를 가하는 것도 서슴지 않았습니다.

이러한 인종 차별은 20세기 중반을 넘어서까지 계속되었고 흑인들은 끝없는 핍박을 견뎌야 했습니다. 이 시기에 흑인 인권 운동가인 마틴 루서 킹 목사가 등장합니다.

마틴 루서 킹은 1955년, '로자 파크스'라는 흑인 여성이 버스에서 백인 남성에게 자리를 양보하지 않아 체포된 사건을 계기로 흑인 인권 운동에 본격적으로 뛰어듭니다. 그는 법적 투쟁으로 버스 내에서의 인종 분리가 위헌이라는 판결을 받아 냈고, 이후 적극적으로 흑인 인권 운동을 하게 되지요.

1963년, 링컨 기념관 앞에서 한 마틴 루서 킹의 연설 '나에게는 꿈이 있습니다'는 20세기의 명연설로 기억되고

마틴 루서 킹의 업적을 기리는 동상

who? 지식사전

로자 파크스가 탔던 버스의 내부
© Dehk

몽고메리 버스 승차 거부 운동

1955년 12월 1일, 로자 파크스는 앨라배마주 몽고메리에서 백인 승객에게 자리를 양보하라는 버스 운전사의 지시를 거부했고, 이 일로 결국 경찰에 체포되었습니다. 이 사건을 보고 화가 난 흑인들은 버스를 타지 않는 운동을 벌이기 시작했습니다. 몽고메리 지역에서 일어난 이 버스 승차 거부 운동은 382일 동안 계속되었으며, 곧 인종을 차별하는 정책에 저항하는 대규모 시위로 퍼져 나갔습니다. 이때 마틴 루서 킹 목사가 이 운동에 동참하게 됩니다.

몽고메리 버스 승차 거부 운동은 아프리카계 미국인의 인권을 보호하고 개선하기 위한 미국 민권 운동의 시작이 되었습니다. 이날의 주인공인 로자 파크스는 이후 민권 운동가가 되었으며, 미국 의회에 의해 '현대 민권 운동의 어머니'라고 불리게 되었습니다.

있습니다. 그는 비폭력주의자로, 평화적인 시위를 통해 인종 차별을 없애려 했으나 1968년, 인종 차별주의자로부터 암살당했습니다.

다섯 | 맬컴 엑스

맬컴의 아버지 얼 리틀 목사는 흑인들이 아프리카로 돌아가야 한다는 귀향 운동을 벌이고 있었습니다. 그러나 이를 못마땅하게 여기던 백인 우월주의자들은 얼 리틀과 그 가족들을 살해했습니다. 마침 맬컴은 밖에 있어서 화를 면했으나, 힘든 어린 시절을 보내야 했습니다. 이후 그는 흑인 인권 운동에 나서게 되지요.

인권 운동가 마틴 루서 킹과 맬컴 엑스의 만남

맬컴은 영어식 성인 '리틀'을 버리고 알 수 없다는 기호인 'X'를 자신의 성으로 사용합니다. 또한 아버지가 목사였음에도 불구하고 백인들의 종교인 기독교를 인정할 수 없어 이슬람교로 개종합니다.

비폭력적인 흑인 인권 운동을 했던 마틴 루서 킹과는 달리, 맬컴 엑스는 과격한 투쟁의 길을 걸었으며 마틴 루서 킹이 소극적이라며 비난하기도 했습니다. 하지만 두 사람은 같은 시기에 흑인 인권 운동을 이끈 동반자였어요.

맬컴 엑스는 백인들을 상대로 무력으로 투쟁하는 한편, 흑인 빈민촌을 찾아가 무기력하게 살고 있는 흑인들에게 용기와 희망을 전해 주기도 했습니다. 그는 1965년, 괴한들에게 암살당해 최후를 맞습니다.

뉴욕 맨해튼의 맬컴 엑스 거리 표지판
© Phillie Casablanca

마틴 루서 킹과 맬컴 엑스의 노력에 힘입어, 미국은 흑인 인권에 눈을 뜨기 시작했고 미국의 인종 차별은 빠른 속도로 사라지기 시작했습니다.

7 자유, 그리고 새로운 희망

만델라가 감옥에 갇힌 지도 25년이 넘어가고 있었습니다. 그러던 어느 날, 정부의 행정관이 만델라를 찾아왔습니다.

끼익..

만델라 씨, 감옥 안에서 상을 꽤 많이 타셨더군요.

네, 감사한 일이지요.

지금 남아프리카 공화국은 세계적으로 큰 압박을 받고 있습니다. 당신 같이 감옥 안에서도 많은 상을 받은 훌륭한 사람을 탄압하고 있기 때문입니다.

세계의 압력을 견디지 못해 남아프리카 공화국 정부는 인종 차별 정책을 철폐하려고 합니다.

1990년 2월 11일,
만델라는 감옥에 갇힌 지 27년 만에 자유의 몸이 되었습니다.
청년이었던 만델라는 어느새 백발의 할아버지가 되어 있었습니다.

이게 얼마만이야? 꿈만 같군!

만델라, 대통령이 자네를 초대했다는 이야기 들었나?

네, 이번 기회에 흑인들의 권리를 요구할 겁니다.

그래. 전 세계의 압박이 강해서 정부도 자네의 요구를 들어줄 거야.

한편 만델라가 감옥에서 나오자 그동안 권력을 누렸던 백인들은 불안에 떨었습니다.

흑인들에게도 투표권을 달라고 하겠지요. 그럼 다음 대통령은 만델라가 될 테고……

만델라가 대통령을 만나면 어떻게 할 것 같습니까?

우린 다 쫓겨나고 말 거예요.

후유!

대통령 데클레르크와 식사를 하는 자리에서 만델라는 그동안 자신과 남아프리카 공화국의 흑인들을 짓누르고 있던 인종 차별에 대해 이야기했습니다.

이 자리에서 흑인을 포함한 유색 인종을 대표하여 정부에 건의할 것이 있습니다.

남아프리카 공화국의 국민 중 82퍼센트는 흑인입니다. 하지만 그들은 한 번도 직접 대통령을 뽑은 적이 없어요.

흠.

흑인에게도 선거권을 주십시오.

하지만 그러려면
헌법을 바꿔야 합니다.
많은 시간이 걸릴 거예요.

요구를 들어주지 않으신다면
대대적인 흑인 인권 운동을
벌이겠습니다. 그리고 전 세계에
남아프리카 공화국 정부가 아직
진심으로 인종 차별을
폐지하지 않았다는 것을
알리겠습니다.

저도 최대한
노력하겠습니다.

하지만 걱정되는 건…….

걱정되는 것?

흑인이 선거에 참여하면
아마도 만델라 선생이
대통령이 되겠죠.
그렇게 되면 권력을
잡은 흑인들이
백인들에게 보복을
하지 않을까요?

이 자리에서 분명히
약속드리겠습니다.

백인도
남아프리카 공화국의
형제요, 국민이니까요.

남아프리카 공화국의
국민이라면 피부색, 종교, 남녀의
구분 없이 동등한 권리를
가지게 될 것입니다.

얼마 후, 남아프리카 공화국에는
커다란 변화가 일어납니다.

남아프리카 공화국
국민 여러분,

정부는 오늘부터
인종 차별 정책을
폐지합니다.

곧 대통령 선거가
있을 것이며,
그 선거에는 흑인도
참여하게 될
것입니다.

1993년, 만델라는 데클레르크와 함께 남아프리카 공화국의 인종 차별을 폐지시킨 공로로 노벨 평화상을 수상했습니다.

1994년 4월 27일. 남아프리카 공화국에서 인종 차별 없는 최초의 대통령 선거가 열렸습니다.
남아프리카 공화국의 흑인들은 자유 헌장을 만들고 흑인의 인권을 위해 싸우다가
27년간 옥살이를 했던 만델라가 대통령이 되길 간절히 바랐습니다.
어느새 만델라는 남아프리카 공화국의 영웅이 되어 있었던 것입니다.

내가 선거를 하게 되다니.
믿어지지 않아.

하하, 난 어제 잠도
제대로 못 잤다니까?

난 글자를 모르는데
어떡하지?

투표용지에 대통령
후보들의 사진이
붙어 있대요.

대통령은
만델라겠지.

당연하지.

하하하!
내 인생 첫 투표다!

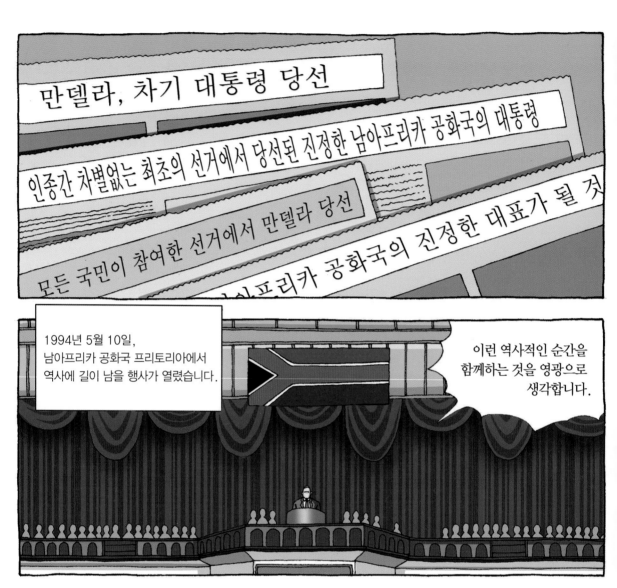

만델라, 차기 대통령 당선

인종간 차별없는 최초의 선거에서 당선된 진정한 남아프리카 공화국의 대통령

모든 국민이 참여한 선거에서 만델라 당선

남아프리카 공화국의 진정한 대표가 될 것

1994년 5월 10일,
남아프리카 공화국 프리토리아에서
역사에 길이 남을 행사가 열렸습니다.

이런 역사적인 순간을
함께하는 것을 영광으로
생각합니다.

남아프리카 공화국의 새로운 대통령을 소개합니다!

넬슨 만델라!

어릴 적……,

저는 대자연 속에서
살았습니다. 부족과 함께
대지를 뛰어다니며
물과 공기를 나눠 마셨지요.

대자연 아래 모두는 한 형제였습니다.
형제 중 단 한 명이라도 반대하는 일은 하지 않았죠.
우리는 모두가 동등했습니다.

그러나 고향을 떠나면서
모든 사람은 동등하지 않을 수도
있다는 것을 알게 되었습니다.

저는 차별받는 흑인의 권리를 찾기 위한
투쟁을 시작했습니다. 그것은 대자연 아래
모든 이들은 평등하다는 우리 선조들의
가르침이기도 했습니다.

그리고 마침내 오늘!
자유와 평등이 실현되었습니다.

이토록 아름다운 우리의 땅에서 두 번 다시는
사람이 다른 사람을 탄압하는 일은 없을 것입니다.

이제 이 땅에는 차별하지 않고
차별받지 않는 자유가 번창할 것입니다.
흑인과 백인 모두에게 말입니다.

아프리카에 신의 은총이 있기를!

남아프리카 공화국 최초의 흑인 대통령 넬슨 만델라.

와

만델라!

와

만델라!

와

그는 강인한 의지와 신념으로 일생을 인종 차별 폐지를 위해 싸웠습니다.
만델라는 백인들의 탄압으로 고통받았지만 대통령이 된 뒤 오히려 백인들을 포용하였습니다.

만델라는 대통령 임기를 마친 뒤에 고향으로 돌아갔습니다. 그리고 그곳에서 세상을 떠나는 그 순간까지 세계 곳곳에서 벌어지는 부당한 차별에 맞섰습니다.
그가 평생을 바쳐 주장한 자유와 평등의 정신은 앞으로도 영원히 전해질 것입니다.

who?와 함께라면 미래가 보인다

어린이
진로 탐색

대통령

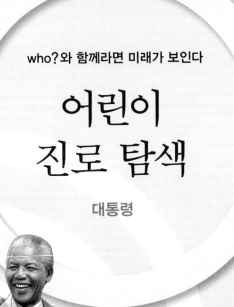

어린이 친구들 안녕?
넬슨 만델라 이야기 재미있게 읽었나요?

그렇다면 이제부터
넬슨 만델라가 꿈을 키워 가는 과정을 함께 되짚어 보며
그가 활동한 분야와 그 분야에 속한 다양한 직업에 대해
살펴봐요!

또한 여러분에게는 어떤 장점과 적성, 가능성이
숨어 있는지 찾아보면서
그것을 어떻게 진로와 연결시킬 수 있는지에 대해서도
알아봅시다!

그럼 지금부터
여러분이 멋진 꿈을 향해 나아갈 수 있도록 도와줄
진로 탐색을 시작해 볼까요?

자기 이해부터
진로 체험까지,
다양한 진로 탐색
활동을 시작해 봐요!

존경하는 사람은
누구인가요?

어린 시절 넬슨 만델라는 템 부족의 추장인 아버지를 존경했습니다. 아버지는
만델라에게 "대자연 아래 우리는 모두 한 형제"라고 말했고, 만델라는 아버지의
말씀을 마음속에 새겼지요.
여러분도 만델라처럼 주변에 존경하는 사람이 있나요? 그 사람은 누구인지, 또
존경하는 이유는 무엇인지 적어 보세요.

✳ **내가 존경하는 사람은 누구인가요?**

✳ **그 사람은 어떤 일을 하나요?**

✳ **왜 그 사람이 존경스러운가요?**

✳ **그 사람은 나에게 어떤 말을 해 주었나요?**

진로
탐색
STEP 2

관심 있는 사회 문제는 무엇인가요?

대학생이 된 넬슨 만델라는 흑인 차별 문제에 본격적으로 관심을 가지고 행동에 나서기 시작했어요. 그 당시 남아프리카 공화국에서는 백인들이 원래부터 그곳에 살고 있었던 흑인들의 삶의 터전을 빼앗고 차별 대우를 하고 있었습니다. 넬슨 만델라는 이런 사회 현실이 부당하다고 생각했습니다. 우리나라에 존재하는 여러 사회 문제 중 가장 관심이 가는 사회 문제를 골라 보고, 여러분의 생각을 적어 보세요.

＊ **내가 관심 있는 사회 문제는**

＊ **그 사회 문제에 대한 나의 생각은**

진로
탐색
STEP 3

우리나라의 대통령에 대해
알아볼까요?

넬슨 만델라의 이야기를 읽으니 우리나라에는 어떤 대통령들이 있었는지 궁금하지
않나요? 아래 있는 우리나라 역대 대통령 중 한 명을 골라 조사해 보세요.
대통령이라는 직업에 대해서 많은 것을 알 수 있게 될 거예요.

대한민국의 역대 대통령			
1~3대	이승만	15대	김대중
4대	윤보선	16대	노무현
5~9대	박정희	17대	이명박
10대	최규하	18대	박근혜
11~12대	전두환	19대	문재인
13대	노태우	20대	윤석열
14대	김영삼		

✳ 어떤 대통령에 대해 조사했나요?

✳ 대통령이 되기 전에 어떤 일을 했나요?

✳ 어떻게 해서 대통령이 될 수 있었나요?

✳ 대통령이 되어서 어떤 일을 했나요?

대통령을 뽑는 과정을 알아볼까요?

넬슨 만델라의 이야기를 읽으면서 대통령은 선거를 통해 뽑힌다는 사실을 알게 되었을 거예요. 빈칸에 알맞은 단어를 보기 에서 찾아 대통령 선거 과정을 정리해 보세요.

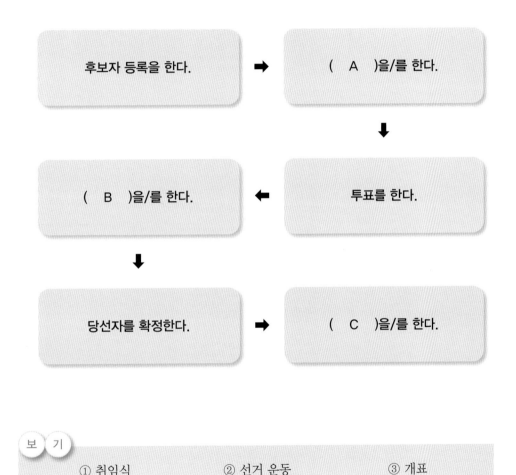

| 후보자 등록을 한다. | ➡ | （　A　）을/를 한다. |

⬇

| （　B　）을/를 한다. | ⬅ | 투표를 한다. |

⬇

| 당선자를 확정한다. | ➡ | （　C　）을/를 한다. |

보 기

① 취임식　　　　　② 선거 운동　　　　　③ 개표

정답: A ② / B ③ / C ①

171

훌륭한 대통령을 위한 준비

넬슨 만델라의 이야기를 읽으며 대통령의 꿈이 생겼다면, 그 꿈을 좀 더 구체적으로
상상해 보세요. 훌륭한 대통령이라는 꿈을 이루기 위해 어떤 노력이 필요할까요?
막연하게 상상하기보다 구체적인 모습을 그려 보고 계획을 세운다면 꿈을 이룰
가능성도 그만큼 더 커질 거예요.
앞으로 대통령이 되기 위해 내가 해야 할 일은 무엇일지 시기별로 계획을 세워
보세요.

시기	내가 노력해야 할 것들
10대	• 뉴스와 신문을 열심히 읽으며 사회 문제에 대해 알아보아요. •
20대	• •
30대	• •
40대	• •
50대 이상	• •

김대중도서관을 방문해요!

넬슨 만델라와 김대중 전 대통령은 닮은 부분이 많습니다. ⓒ 연합 뉴스

해외 언론에서 '아시아의 넬슨 만델라'라고 표현했던 대통령이 있어요. 바로 우리나라 제15대 대통령 김대중이랍니다. 김대중은 넬슨 만델라와 마찬가지로 노벨 평화상을 받았어요. 넬슨 만델라가 인종 차별을 철폐한 공로로 상을 받았다면, 김대중은 우리나라와 북한 사이의 평화에 기여한 공로로 상을 받았습니다. 김대중은 평소 넬슨 만델라를 존경해 그의 자서전을 번역하기도 했답니다.

서울시 마포구에는 김대중을 기리기 위해 만들어진 김대중도서관이 있어요. 이곳에서는 김대중이 기증한 각종 책과 자료를 전시하고 있어요. 김대중은 민주화를 위한 운동을 하던 중 사형 선고를 받고 오랜 시간을 교도소에서 보냈는데, 이때 주고받았던 편지나 사용했던 물품도 볼 수 있어요. 넬슨 만델라는 자신이 교도소에서 사용했던 손목시계를 그에게 선물했는데, 이 시계 역시 전시되어 있어요.

김대중도서관 전경

✳ 김대중과 넬슨 만델라의 삶을 비교해 보고, 비슷한 점이나 다른 점이 무엇인지 생각해 보세요.

넬슨 만델라

1918년		남아프리카 공화국 움타타에서 템 부족 추장 가들라의 아들로 태어났습니다.
1934년	16세	클라크베리 중등학교에 입학해 백인 중심의 교육을 받습니다.
1940년	22세	포트헤어 대학에서 법학 공부를 하지만 학생 운동에 참여하다가 퇴학당합니다.
1941년	23세	결혼을 피해 요하네스버그로 향합니다. 월터 시술루의 소개로 법률 사무소에서 일합니다.
1944년	26세	월터 시술루, 올리버 탐보와 함께 아프리카 민족 회의(ANC) 안에 청년 동맹을 창설합니다.
1948년	30세	남아프리카 공화국에 인종 차별 정책인 아파르트헤이트가 본격적으로 시행됩니다.
1952년	34세	변호사가 되어 흑인으로서는 최초로 요하네스버그에 법률 사무소를 열었습니다.
1955년	37세	흑인과 아시안계 인종들을 주도해 인종주의에 대항하는 자유 헌장을 선포합니다.
1960년	42세	집회 중, 흑인들과 백인 경찰들이 충돌하여 수백 명의 사상자를 낸 샤프빌 학살이 발생합니다.
1961년	43세	무장 투쟁 조직 '국민의 창'이 창설되고 넬슨 만델라가 지휘를 맡습니다.

1962년	44세	2월, 아프리카를 순회하며 남아프리카 공화국의 현실을 알립니다. 8월, 경찰에 체포됩니다.
1964년	46세	종신형을 선고받고 로벤섬 감옥에 수감됩니다.
1979년	61세	인권 부문에 대한 공로로 자와할랄네루상을 수상합니다.
1981년	63세	브루노 크라이스키 인권상을 수상합니다
1983년	65세	유네스코 시몬 볼리바르 국제상을 수상합니다.
1989년	71세	카다피 인권상을 수상합니다.
1990년	72세	2월 11일, 27년 만에 석방됩니다. 8월, 백인 정부와 인종 차별에 대해 협상합니다.
1991년	73세	인종 차별법인 아파르트헤이트 정책이 철폐됩니다.
1993년	75세	만델라와 데클레르크가 공동으로 노벨 평화상을 수상합니다.
1994년	76세	4월 27일, 남아프리카 공화국 최초로 흑인이 참여하는 대통령 선거가 실시됩니다. 5월 10일, 남아프리카 공화국 대통령이 됩니다.
1999년	81세	대통령 임기를 마치고 정계를 은퇴합니다.
2013년	95세	12월 5일, 세상을 떠납니다.

찾아
보기